LATIMER STUDIES 20 – 21

Los Treinta y Nueve Artículos:

Su Lugar y Uso Hoy

por J. I. Packer

Notas textuales con la descripción de los Artículos y un Apéndice que complementa los mencionados Artículos.

por R. T. Beckwith

The Latimer Trust

First published in English: Oxford, Latimer House 1984
ISBN 0-946307-19-9/20-2
© James I. Packer and Roger T. Beckwith.
Second edition in English: London 2006
ISBN 0-946307-56-3
EAN 9780946307562
Published in Spanish: London 2011
ISBN 978-0-946307-80-7
Los Treinta y Nueve Artículos: Su Lugar y Uso Hoy © The Latimer Trust

Latimer Trust (anteriormente conocida como Latimer House, en Oxford, Reino Unido) es una asociación Evangélica conservadora de investigación dentro de la Iglesia Anglicana. Su principal objetivo es el de promover la historia y teología del anglicanismo, como fué entendida por la tradición Reformadora. Lectores interesados son bienvenidos a consultar mas información de sus muchas actividades a través del Internet en su sitio web.

The Latimer Trust
PO Box 26685, London N14 4XQ UK
Registered Charity: 1084337
Company Number: 4104465
Web: www.latimertrust.org
E-mail: administrator@latimertrust.org

Los puntos de vistas expresados en trabajos publicados por Latimer Trust son de los autores y no representan necesariamente la posición oficial de Latimer Trust.

ÍNDICE

Prólogo a la primera edición 1
Prólogo a la segunda edición 2
EL TEXTO DE LOS ARTÍCULOS 5
ARTÍCULOS... 5

LA DECLARACIÓN DE SU MAJESTAD......................... 5

ARTÍCULOS DE LA RELIGIÓN...................................... 8

LA RATIFICACIÓN..24

1. INTRODUCCIÓN 25
2. EL SILENCIO ANTE LOS ARTÍCULOS 29

   2.1. Los Artículos no tienen voz en la teología anglicana.....30

   2.2. Los Artículos no tienen voz en la liturgia anglicana.......32

   2.3. Los Artículos no tienen voz en la comunidad anglicana 34

   2.4. Negar los Artículos crea un problema de integridad anglicana..37

3. LA HISTORIA DE LOS ARTÍCULOS 45

   3.1. El establecimiento de los Artículos como estándar doctrinal..45

3.2. El desarrollo de diferentes tradiciones de interpretación...49

3.3. La devaluación de la subscripción de los pastores..........59

4. **UN LUGAR PARA LOS ARTÍCULOS**........................ 68

4.1. ¿Qué autoridad se puede afirmar que tienen los Artículos?..70

4.2. ¿Qué funciones pueden cumplir los Artículos?..............76

4.3. Cuál debería ser nuestra respuesta ante los Artículos? .83

5. **UN USO PARA LOS ARTICULOS**............................... 86

5.1. Asimilación..86

5.2. Aplicación 91

5.3. Aumento..99

6. **APÉNDICE: COMPLEMENTAR LOS ARTÍCULOS** .. 101

6.1. Una confesión de fe complementaria..........................104

Prólogo a la primera edición

Como insinué en un estudio previo publicado por Latimer Trust, (¿Parecido al arca de Noé? El compromiso Anglicano a una Total Comprensión, 1981), soy Anglicano no tanto por sentimiento, ni por cariño sino por convicción. John Henry Newman no le gustó particularmente la Iglesia de Roma por lo que vió de afuera, o por la experiencia que tuvo mas tarde, pero el se unió a la iglesia por convicción y desde este momento no dudó en la certeza de que estaba en el lugar correcto. Yo no puedo decir que me gustó la Iglesia Anglicana como lo encontré, pero me mantuve Anglicano por convicción de que este el lugar correcto, aquí yo poseo una herencia verdadera, sabia y potencialmente más rica en toda la Christianidad. Un factor que me mantiene fuerte en este punto es mi veneración (esta palabra no es demasiado fuerte) a los treinta y nueve Artículos, lo cuál me parece que no solo capta la sustancia y el espíritu de cristiandad bíblica magníficamente bien, pero también provee un modelo de la forma de confesar la fé en una cristiandad dividida como el mundo no ha visto todavía. En este ensayo trataré de mostrar cómo los Artículos deben ser vistos y recibidos, y cómo pueden ser utilizados para enriquecer la fé de Anglicanos en general y en particular de Anglicanos evangélicos.

Aunque ahora soy un ciudadano canadiense, retengo mi pasaporte inglés; y por lo tanto espero que no parecerá extraño que, aunque ahora sirvo en la Iglesia Anglicana de Canadá, yo debo escribir como un ministro de la Iglesia Anglicana.

Secciones del ensayo aparecieron previamente en Los treinta y nueve Artículos (Londres: Falcon, 1961), Los Artículos de la Iglesia Anglicana (Londres: Mowbrays, 1964; derechos reservados, uso del texto es bajo autorización, y Una Guía a Los Artículos Hoy (Londres: Church Book Room Press, 1969); todos los cuales actualmente están fuera de impresión.

J. I. PACKER

Ya que el libro de Oracion Común publicado en 1662, esta cada vez menos en las manos de Anglicanos (con la publicación del Libro de Servicio Alternativo, que se quedará en uso hasta 1990), ha sido pensado sabio reimprimir el texto de los 39 Artículos al principio de este estudio, y algunas notas explicativas de palabras técnicas o antiguas (fuera de uso) han sido agregadas donde es necesario.

Al final del estudio ha sido agregado un apéndice para suplementar los Artículos, cuya razón es considerar varios temas que han entrado en prominencia desde que los Artículos fueron compuestos.

R. T. BECKWITH

Prólogo a la segunda edición

Mucho ha cambiado dentro de la Iglesia Anglicana desde que Jim Packer y Roger Beckwith escribieron este folleto, hace más de veinte años. Por ejemplo, el Libro de Servicio Alternativo ha sido relegado a un montón de chatarra litúrgica; la ordenación de mujeres es ahora un hecho establecido; las Conferencias de Lambeth de 1958 y 1968 han sido olvidadas desde hace mucho tiempo; y el documento tranformador de la Declaración de Assent en 1975, ha llegado a ser un texto autoritario, que define la identidad de la Iglesia de Inglaterra.

Más este estudio todavia sigue siendo muy solicitado y se mantiene actualizado y oportuno como siempre. De la misma forma que la separacion doctrinal dentro de la Iglesia Anglicana continúa creciendo rápidamente, así tambien crece nuestra ignorancia de los treinta y nueve Artículos. La mayor parte de ministros jovenes (de hecho, muchos de los que no están todavía jubilados) nunca los han estudiado, ni les enseñaron a valorarlos. Packer y Beckwith demuestran claramente por qué se debe dar voz a los Artículos nuevamente dentro de la Iglesia, no solamente como una curiosidad histórica pero como una declaración de doctrina autoritaria. Desde el

Informe de Windsor en 2004, la Comunión Anglicana esta trabajando hacia un "Pacto Anglicano", en el que se espera que los treinta y nueve Artículos tengan un lugar prominente en ese acuerdo. Su resurgimiento dentro de la vida anglicana sólo puede ser de beneficio para la iglesia de hoy.

The Publishers, 2006

Los Treinta y Nueve Artículos: Su Lugar y Uso Hoy

EL TEXTO DE LOS ARTÍCULOS

ARTÍCULOS

Aprobados por los Arzobispos y Obispos
de ambas provincias y por el clero reunido
en la Asamblea General realizada en Londres
en el año 1562 para evitar la
diversidad de opiniones, y para
establecer unidad
respecto a la verdadera religión.

Reimpreso
por mandato de Su Majestad
el Rey Carlos I
en su Declaración Real
adjuntada a continuación

LA DECLARACIÓN DE SU MAJESTAD

Siendo por mandato de Dios, de acuerdo a nuestro justo título, Defensor de la fe y Gobernador Supremo de la Iglesia en estos nuestros dominios, sostenemos que muy de acuerdo con nuestro oficio real, y con nuestro propio celo religioso, es nuestro deber el conservar y mantener la Iglesia encomendada a nuestro cargo en la unidad de la verdadera religión y en el vínculo de la paz; y así no propiciar debates, altercados, o cuestionamientos innecesarios, que pudieran alimentar facciones tanto en la Iglesia como en la Comunidad. Por lo tanto, tras la debida deliberación, y con el consejo de tantos de nuestros Obispos reunidos en conjunto como fue conveniente, hemos pensado hacer esta Declaración como sigue:

Que los Artículos de la Iglesia de Inglaterra (que han sido permitidos y autorizados previamente, y que el clero ha suscrito en general) contienen la verdadera doctrina de la Iglesia de Inglaterra en conformidad con la Palabra de Dios: lo que nosotros por lo tanto ratificamos y confirmamos, requiriendo que todos nuestros amados súbditos los sigan profesando unánimemente, y prohibimos la menor discrepancia con los mencionados Artículos; por lo que, para este fin, mandamos que sean nuevamente impresos, y que esta nuestra Declaración sea publicada juntamente con ellos.

Que somos el Supremo Gobernador de la Iglesia de Inglaterra: y si alguna diferencia surge en cuanto a la política externa, concerniente a los mandatos, cánones, y cualquier otra de las constituciones pertinentes, el clero, en su Asamblea General, debe ordenarlas y resolverlas, habiendo primero obtenido permiso bajo nuestro amplio sello para hacerlo, siempre que nosotros aprobemos las mencionadas ordenanzas y constituciones; y que nada se dictamine contrario a las leyes y costumbres de este país.

Que bajo nuestro cuidado principesco los eclesiásticos (obispos y clero) hagan la obra que es propia de ellos. Y de vez en cuando, en Asamblea General, de acuerdo a su humilde deseo, tendrán licencia bajo nuestro amplio sello para deliberar y poner por obra tales cosas, que sean claras para ellos, y asentidas por nosotros, concernientes a la continuación resuelta de la doctrina y disciplina de la Iglesia de Inglaterra ahora establecida; desde donde no vamos a tolerar ninguna variación ni desviación en el menor grado.

Que de momento, aunque lamentablemente algunas diferencias han aparecido, tomamos consuelo en que todos los pastores ordenados[1] en nuestro reino siempre han estado muy dispuestos a subscribirse a los Artículos establecidos; lo que nos indica que todos están de acuerdo con el

---

[1] En inglés *clergyman* puede traducirse como clero, ministro o pastor.

significado verdadero, normal y literal de los mencionados Artículos; y que aun en esos puntos oscuros, en los cuales se encuentran los presentes desacuerdos, los hombres de todo punto de vista toman los Artículos de la Iglesia de Inglaterra como para ellos mismos; lo que nuevamente demuestra, que ninguno de ellos tiene la intención de abandonar los Artículos establecidos.

Que por lo tanto en estos quisquillosos e infelices desacuerdos, que por tantos cientos de años, en diferentes tiempos y lugares, han preocupado a la Iglesia de Cristo, deseamos que cualquier minuciosa indagación adicional sea puesta a un lado, y en lugar de estas disputas, se piense más en las promesas de Dios como se nos presentan en general en las Santas Escrituras, y en el significado general de los Artículos de la Iglesia de Inglaterra, pues van de acuerdo a ellas. Y que de ahora en adelante ningún hombre imprima o predique de tal forma que eluda, de alguna manera, el Artículo, sino que se someterá a éste en el sentido pleno y completo ya mencionado; y no presentará su propia idea o comentario como el significado del Artículo, sino que lo tomará en el sentido literal y gramatical.

Que si cualquier lector público en cualquiera de nuestras universidades, o cualquier rector o maestro de cualquier colegio, o cualquier otra persona en cualquiera de ellos, añada cualquier sentido nuevo a cualquier Artículo, o que públicamente lea, determine o sostenga cualquier disputa, o permita cualquiera de estas cosas de alguna forma, tanto en las universidades o colegios respectivamente, o si cualquier profesor de divinidad en las universidades predicare o imprimiere algo de alguna forma distinta de la ya establecida en la Asamblea General, la cual cuenta con nuestro asentimiento real; tal persona, o los ofensores, se expondrán a nuestro disgusto, y a la censura de la Iglesia en nuestra comisión eclesiástica, al igual que a cualquier otra. Y veremos que la condena sobre ellos sea debidamente ejecutada.

ARTÍCULOS DE LA RELIGIÓN

Una tabla de los Artículos

1. De la fe en la Santísima Trinidad
2. De Cristo el Hijo de Dios
3. De su descenso a los infiernos
4. De su resurrección
5. Del Espíritu Santo
6. De la suficiencia de las Escrituras
7. Del Antiguo Testamento
8. De los tres credos
9. Del pecado original o de Nacimiento
10. Del libre albedrío
11. De la justificación
12. De las buenas obras
13. De las obras antes de la justificación
14. De las obras de supererogación
15. De Cristo, el único sin pecado
16. Del pecado después del bautismo
17. De la predestinación y elección
18. De obtener la salvación por medio de Cristo
19. De la Iglesia
20. De la autoridad de la Iglesia
21. De la autoridad de los concilios generales
22. Del purgatorio
23. Del ministrar en la congregación
24. Del hablar en la congregación
25. De los sacramentos
26. De la indignidad de los ministros
27. Del bautismo
28. De la Cena del Señor
29. De los impíos, que no comen el cuerpo de Cristo
30. De las dos especies
31. De la única oblación de Cristo
32. Del matrimonio de los presbíteros
33. De las personas excomulgadas
34. De las tradiciones de la Iglesia
35. De la homilías
36. De la consagración de los ministros
37. De los magistrados civiles
38. De los bienes de los Cristianos
39. Del juramento del Cristiano

1. *De la fe en la Santísima Trinidad*

   Hay un solo Dios vivo y verdadero, eterno, sin cuerpo, partes o pasiones,[2] de infinito poder, sabiduría y bondad; el Creador y Conservador de todas las cosas, tanto visibles como invisibles. Y en la Unidad de esta Naturaleza Divina hay tres Personas de una misma substancia, poder y eternidad: el Padre, El Hijo y el Espíritu Santo.

2. *Del Verbo o del Hijo de Dios, que fue hecho verdadero hombre.*

   El Hijo, que es el Verbo del Padre, engendrado del Padre desde la eternidad, verdadero y eterno Dios, de una misma substancia con el Padre, tomó la naturaleza Humana en el vientre de la Bienaventurada Virgen, de su substancia; de modo que las dos naturalezas Divina y Humana entera y perfectamente fueron unidas, para no ser jamás separadas, en una Persona, de lo que resultó un solo Cristo, verdadero Dios y verdadero Hombre; que verdaderamente padeció, fue crucificado, muerto y sepultado, para reconciliarnos con su Padre, y para ser Victima, no solamente por la culpa original, sino también por todos los pecados actuales de los hombres.

3. *De la bajada de Cristo a los infiernos*[3]

   Así como Cristo murió por nosotros y fue sepultado, así también debemos creer que descendió a los infiernos.

4. *De la resurrección de Cristo*

   Cristo verdaderamente resucitó de entre los muertos, y tomó de

---

[2] "Sin....pasiones," en el texto latino de los Artículos *impassibilis*, significa que nada puede ser impuesto sobre Dios en contra de su voluntad.
[3] "infierno," del Latín *infieri* (los de abajo), significa el lugar y el estado de los muertos, sin insinuar que ellos estén en tormento. Compare la misma expresión en la traducción de los Credos Apostólico y de Atanasio en el Libro de Oración Común.

nuevo su cuerpo, con carne, huesos y todas las cosas que pertenecen a la integridad de la naturaleza Humana; con la cual él subió al Cielo, y allí está sentado, hasta que vuelva a juzgar a todos los hombres en el último día.

5. *Del Espíritu Santo*

El Espíritu Santo, que procede del Padre y del Hijo, es de una substancia, majestad y gloria, con el Padre y con el Hijo, verdadero y eterno Dios.

6. *De la suficiencia de las Sagradas Escrituras para la salvación*

La Escritura Santa contiene todas las cosas necesarias para la salvación; de modo que cualquier cosa que ni en ella se lee, ni con ella se prueba, no debe exigirse de hombre alguno que la crea como artículo de la Fe, ni debe ser tenida por requisito para la salvación. Bajo el nombre de Escritura Santa entendemos aquellos libros canónicos del Antiguo y Nuevo Testamento, de cuya autoridad nunca hubo duda alguna en la Iglesia.

De los nombres y número de los libros canónicos.

El Génesis	El Primer Libro de las Crónicas
El Éxodo	El Segundo Libro de las Crónicas
Levítico	El Primer Libro de Esdras
Números	El Segundo Libro de Esdras (Nehemías)
Deuteronomio	El Libro de Ester
Josué	El Libro de Job
Jueces	Los Salmos
Rut	Los Proverbios
El Primer Libro de Samuel	El Eclesiastés o Predicador
El Segundo Libro de Samuel	Los Cantares de Salomón
El Primer Libro de los Reyes	Los cuatro Profetas mayores
El Segundo Libro de los Reyes	Los doce Profetas menores

Los otros Libros (como dice san Jerónimo), los lee la Iglesia para ejemplo de vida e instrucción de las costumbres; mas ella, con todo, no los aplica para establecer doctrina alguna; y tales son los siguientes:

El Tercer Libro de Esdras
El Cuarto Libro de Esdras[4]
El Libro de Tobías
El Libro de Judit
El resto del Libro de Ester
El Libro de Sabiduría
Jesús el Hijo de Sirac
Baruc el Profeta
El Cántico de los Tres Mancebos
La Historia de Susana
De Bel y el Dragón
La Oración de Manasés
El Primer Libro de los Macabeos
El Segundo Libro de los Macabeos

Recibimos y contamos por canónicos todos los Libros del Nuevo Testamento según son recibidos comúnmente.

7. *Del Antiguo Testamento*

El Antiguo Testamento no es contrario al Nuevo, puesto que en ambos, Antiguo y Nuevo, se ofrece vida eterna al género humano por Cristo, que es el solo mediador entre Dios y el Hombre, siendo él Dios y Hombre. Por lo cual no deben ser escuchados los que se imaginan malamente que los antiguos Patriarcas solamente tenían su esperanza puesta en promesas temporales. Aunque la Ley dada de Dios por Moisés, en lo tocante a ceremonias y ritos, no obliga a los cristianos, ni deben recibirse necesariamente sus preceptos civiles en ningún estado; no obstante, ningún cristiano está exento de la obediencia a los que se llaman preceptos morales.

8. *De los tres Credos*

Los tres Credos, el Niceno, el de Atanasio y el comúnmente llamado de los Apóstoles, deben enteramente ser admitidos y creídos; porque pueden ser probados por el testimonio muy cierto de las Santas Escrituras.

9. *Del pecado original o de nacimiento*

El pecado original no consiste en la imitación de Adán (como vanamente propalan los pelagianos), sino que es un vicio y corrupción de la naturaleza de todo hombre que es engendrado

---

[4] En los Apócrifos Ingleses estos son llamados El Primer y Segundo Libro de Esdras. Cuando ellos son numerados como el Tercero y Cuarto, Esdras y Nehemías son contados como el primero y el segundo.

naturalmente de la estirpe de Adán; por esto el hombre dista muchísimo de la justicia original, y es por su misma naturaleza inclinado al mal, de suerte que la carne siempre está contra el espíritu; y por lo tanto, toda persona que nace en este mundo, merece la ira Divina y la condenación. Esta infección de la naturaleza permanece aun también en los que son regenerados; por cuya causa este inclinación de la carne, (llamada en griego, φρονημα σαρκοσ, que unos interpretan la sabiduría, otros la sensualidad, algunos la afección, y algunos otros el deseo de la carne), no se sujeta a la Ley de Dios. Y a pesar de que no hay condenación alguna para los que creen y son bautizados, todavía el apóstol confiera que la concupiscencia y mala inclinación tienen de sí mismas naturaleza de pecado.[5]

10. Del libre albedrío

La condición del hombre después de la caída de Adán es tal, que, por su natural fuerza y buenas obras, ni puede convertirse, ni prepararse a sí mismo a la fe e invocación de Dios; por tanto no tenemos poder para hacer buenas obras agradables y aceptas a Dios, sin que la gracia de Dios por Cristo, nos preceda para que tengamos buena voluntad y obre en nosotros cuando tenemos esa buena voluntad.

11. De la justificación del hombre

Somos tenidos por justos delante de Dios solamente por el mérito de nuestro Señor y Salvador Jesucristo, por la fe, y no por nuestras obras o merecimientos. Por lo cual, es doctrina muy saludable y muy llena de consuelo que nosotros somos justificados solamente por la fe, como más largamente se expresa en la Homilía de la Justificación[6].

---

[5] La referencia está tomada de Romanos 8:5-7; y también de Gálatas 5:17.
[6] La "Homilía de la Justificación" es el que se encuentra en el *Primer Libro de Homilías* allí llamado "De la Salvación de la Humanidad." Se cree que es una obra de Cranmer.

12. De las buenas obras

Aunque las buenas obras que son fruto de la fe, y se siguen a la justificación, no pueden expiar nuestros pecados, ni soportar la severidad del juicio Divino; son, no obstante, agradables y aceptas a Dios en Cristo, y nacen necesariamente de una verdadera y viva fe; de manera que por ellas puede conocerse la fe viva tan evidentemente, como se juzga al árbol por su fruto.

13. De las obras antes de la justificación

Las obras hechas antes de la gracia de Cristo, y de la inspiración de su Espíritu, como no proceden de la fe en Jesucristo, no son agradables a Dios, ni hacen a los hombres dignos de recibir la gracia, ni (en lenguaje escolástico) merecen "de congruo"[7] la gracia; antes bien, porque no son hechas como Dios ha querido y mandado que se hagan, no dudamos de que tengan naturaleza de pecado.

14. De las obras de supererogación

Las obras voluntarias, no comprendidas en los Mandamientos Divinos, llamadas obras de supererogación, no pueden enseñarse sin arrogancia e impiedad; porque por ellas declaran los hombres, que no solamente rinden a Dios todo cuanto están obligados a hacer, sino que por amor suyo hacen más de lo que por deber riguroso les es requerido; siendo así que Cristo claramente dice: Cuando hubiereis hecho todas las cosas que os están mandadas, decid: Siervos inútiles somos."[8]

15. De Cristo, el único sin pecado

Cristo en la realidad de nuestra naturaleza fue hecho semejante a nosotros en todas las cosas, excepto en el pecado, del cual fue

---

[7] Esto se refiere a la distinción medieval entre mérito *de congruo* (concerniente a lo que es apropiado) y mérito *de condigno* (concerniente a lo que es totalmente merecido). El hombre caído fue considerado capaz de la primera por naturaleza y de la segunda por gracia.
[8] Lucas 17:10

enteramente exento, tanto en su carne, como en su espíritu. Vino para ser el Cordero sin mancilla, que por el sacrificio de sí mismo una vez hecho, quitase los pecados del mundo. y no hubo en él pecado, como dice San Juan. Pero nosotros los demás hombres, aunque bautizados, y nacidos de nuevo en Cristo, con todo eso lo ofendemos en muchas cosas; y si decimos que no tenemos pecado, nos engañamos a nosotros mismos, y la verdad no está en nosotros.[9]

16. *Del pecado después del bautismo*

No todo pecado mortal, voluntariamente cometido después del bautismo, es pecado contra el Espíritu Santo e irremisible. Por lo cual a los caídos en pecado después del bautismo no debe negarse la gracia del arrepentimiento. Después de haber recibido el Espíritu Santo, nos podemos apartar de la gracia recibida y caer en pecado, pero por la gracia de Dios levantarnos de nuevo y enmendar nuestras vidas. Y por lo tanto debe condenarse a los que dicen, que ya no pueden pecar mientras vivan, o los que, a los verdaderamente arrepentidos, niegan que puedan ser perdonados.

17. *De la predestinación y elección*[10]

La predestinación a la vida es el eterno propósito de Dios, por el cual, antes que fuesen echados los cimientos del mundo, Él por su invariable consejo, a nosotros oculto, decretó librar de maldición y condenación a los que eligió en Cristo de entre todos los hombres, y conducirlos por Cristo a la salvación eterna, como a vasos hechos para honor. Por lo cual, los que son agraciados con un tal excelente beneficio de Dios, son llamados según el propósito Divino por su Espíritu que obra en debida sazón; por la gracia obedecen la vocación; son justificados gratuitamente; son hechos Hijos de Dios por adopción; son hechos conforme a la imagen de su Unigénito Hijo Jesucristo; viven religiosamente en buenas obras y, finalmente llegan por la Divina misericordia a la eterna felicidad.

---

[9] Las referencias son de Juan 1:29; 1 Pedro 1:19; 1 Juan 3:5; 1 Juan 1:8.
[10] "elección" significa "seleccionar," en este caso hecha por Dios.

Así como la consideración piadosa de la predestinación y de nuestra elección en Cristo, está llena de un dulce, suave e inefable consuelo para las personas piadosas, y que sienten en sí mismas la operación del Espíritu de Cristo, que va mortificando las obras de la carne y sus miembros terrenales, y levantando su ánimo a las cosas altas y celestiales, no sólo porque establecen grandemente y confirman su fe de la Salvación eterna que han de gozar por medio de Cristo, sino porque encienden también su amor fervientemente hacia Dios; así también, para las personas curiosas[11] y carnales, destituidas del Espíritu de Cristo, el tener continuamente delante de sus ojos la sentencia de la predestinación Divina es un precipicio muy peligroso, por el cual el diablo los arrastra a la desesperación o a la miseria de una vida impurísima, no menos peligrosa que la desesperación.

Además, debemos recibir las promesas Divinas del modo que nos son generalmente propuestas en la Santa Escritura, y en nuestros hechos seguir la Divina voluntad, que expresamente tenemos declarada en la Palabra de Dios.

18. *Del obtener la salvación eterna solamente por el nombre de Cristo.*

Deben asimismo ser anatematizados aquellos que presumen decir, que todo hombre será salvo por la ley o secta que profesa, con tal que sea diligente en conformar su vida con aquella Ley, y con la luz de la naturaleza. Porque la Escritura Santa nos propone solamente el nombre de Jesucristo, por medio del cual únicamente han de salvarse los hombres.[12]

19. *De la Iglesia*

La Iglesia visible de Cristo es una congregación de fieles,[13] en la cual es predicada la pura Palabra de Dios, y los sacramentos son

---

[11] Ingl. "curious" – "curiosas" – es usado en el sentido antiguo (y malo) en inglés de "entremetido," "indebidamente inquisidor."
[12] Hechos 4:12
[13] "fieles" –tiene un sentido etimológico de "lleno de fe."

debidamente administrados conforme a la institución de Cristo, en todas aquellas cosas que de necesidad para ellos mismos se requieren.

Así como las Iglesias de Jerusalén, de Alejandría y de Antioquía erraron, así también ha errado la Iglesia de Roma, no sólo en cuanto a la práctica, ritos y ceremonias, sino también en materias de fe.

20. *De la autoridad de la Iglesia*

La Iglesia tiene poder para decretar ritos o ceremonias,[14] y autoridad en las controversias de fe; sin embargo, no es lícito a la Iglesia ordenar cosa alguna contraria a la Palabra de Dios escrita, ni puede exponer un pasaje de la Escritura de modo que contradiga a otra. Por lo cual, aunque la Iglesia sea testigo y custodio de los Libros Santos, sin embargo, así como no es lícito decretar nada contra ellos, igualmente no debe presentar cosa alguna que no se halle en ellos, para que sea creída como de necesidad para la salvación.

21. *De la autoridad de los concilios generales*

No deben convocarse Concilios Generales sin el mandamiento y autoridad de los príncipes; y cuando están congregados (como son una junta de hombres, en la que no todos son gobernados por el Espíritu y la Palabra de Dios), ellos pueden errar, y algunas veces han errado, aun en las cosas pertenecientes a Dios, por lo cual las cosas ordenadas por ellos, como necesarias para la salvación, no tienen fuerza ni autoridad, a no ser que pueda evidenciarse que fueron sacadas de las Santas Escrituras.

---

[14] Es probable que "ritos o ceremonias" sea usado aquí en un sentido amplio, para incluir formas de culto. Compare con el Artículo 34, donde "ceremonias o ritos" se usan en forma intercambiable con "tradiciones y ceremonias," y con el Artículo 19.

22. Del purgatorio[15]

La doctrina romana concerniente al purgatorio, indulgencias, veneración y adoración, así de imágenes como de reliquias, y la invocación de los santos, es una cosa fútil como vanamente inventada, que no se funda sobre ningún testimonio de las Escrituras, antes bien repugna a la Palabra de Dios.

23. Del ministrar en la congregación

No es lícito a hombre alguno tomar sobre sí el oficio de la predicación pública, o de la administración de los sacramentos en la congregación, sin ser antes legítimamente llamado, y enviado a ejecutarlo. Debemos juzgar por legítimamente llamados y enviados a aquellos que fueron escogidos y llamados a esta obra por los hombres que tienen autoridad pública, concedida a ellos mismos en la congregación, para llamar y enviar ministros a la viña del Señor.

24. Del hablar en la Iglesia en legua que entiende el pueblo.

Celebrar los cultos Divinos en la Iglesia o administrar los sacramentos en lengua que el pueblo no entiende, es una cosa claramente repugnante a la Palabra de Dios, y a la costumbre de la Iglesia primitiva.

25. De los sacramentos

Los sacramentos instituidos por Cristo, no solamente son señales de la profesión de los cristianos, sino más bien testimonios ciertos, y

---

[15] "Purgatorio" significa "lugar de purificación." Es una especulación del período patrístico tardío, y se refiere a un supuesto tercer estado en a vida por venir, un lugar de sufrimiento en el cual las almas que mueren en un estado de gracia y que están finalmente destinadas al cielo, aún deben pagar el castigo temporal por sus pecados mortales, por período largo o corto. "Indulgencias" o "perdones" (del Latín *indulgentiae*) significa la remisión de parte del tiempo que un alma debe pasar en el purgatorio, que el papado pretendió ser capaz de dispensar. La venta de indulgencias, por dinero fue una de las principales causas de la Reforma. "Invocación de los santos" significa "rezar a los santos," i.e. dirigir peticiones a ellos en forma de oraciones.

signos eficaces de la gracia y la buena voluntad de Dios hacia nosotros, de los cuales obra él invisiblemente en nosotros, y aviva no sólo nuestra fe en él, sino que también la fortalece y confirma.

Dos son los sacramentos ordenados por nuestro Señor Jesucristo en el evangelio, a saber, el bautismo y la cena del Señor.

Aquellos otros cinco, comúnmente llamados sacramentos, a saber; confirmación, penitencia, orden, matrimonio y extrema-unción,[16] no deben reputarse por sacramentos del evangelio, habiendo en parte emanado de una imitación pervertida de los apóstoles, y siendo en parte estados de vida aprobados en las Escrituras; pero no tienen esencia de sacramentos, semejante al bautismo y a la cena del Señor, porque carecen de signo alguno visible, o ceremonia ordenada de Dios.

Los sacramentos no fueron instituidos por Cristo para ser mirados, o llevados en procesión, sino para que los usásemos debidamente. Solamente producen el efecto saludable en aquellos que los reciben dignamente; pero los que indignamente los reciben, adquieren para sí mismos condenación, como dice San Pablo.[17]

26. *Que la indignidad de los ministros no impide la eficacia de los sacramentos.*

Aunque en la Iglesia visible están siempre los malos mezclados con los buenos, y alguna vez los malos tengan autoridad superior en el ministerio de la Palabra y de los sacramentos, con todo eso, como no lo hacen ellos en su nombre, sino en el de Cristo, y administran por su comisión y autoridad; nosotros nos valemos de su ministerio debidamente, oyendo la Palabra de Dios y recibiendo los sacramentos. Ni el efecto de la institución de Cristo se frustra por su iniquidad, ni la gracia de los dones Divinos se disminuye con

---

[16] "extrema unción" significa "ungir al final de la vida." La antigua práctica de ungir a los enfermos, sobre todo por su sanidad corporal y en la expectativa de su recuperación, fue cambiada en la Edad Media a una unción solamente para el beneficio de sus almas, cuando toda expectativa de su recuperación había sido abandonada.

[17] 1 Corintios 11: 27 – 32.

respecto a aquellos que con fe y rectamente reciben los sacramentos que les administran; los cuales son eficaces, aunque sean administrados por los malos, a causa de la institución y promesa de Cristo.

Pertenece, empero, a la disciplina de la Iglesia el que se inquiera sobre los malos ministros, que sean acusados por los que tengan conocimiento de sus crímenes; y que hallados finalmente reos, por justo juicio sean depuestos.

27. *Del bautismo*

El bautismo no solamente es signo de profesión y nota de distinción, con la que se diferencian los cristianos de los no cristianos; sino que es también signo de la regeneración o del nuevo nacimiento, por el cual, como por instrumento[18], los que reciben rectamente el bautismo son injertados en la Iglesia; las promesas de la remisión de los pecados, y de nuestra adopción de hijos de Dios por el Espíritu Santo, son visiblemente selladas; la fe es confirmada y la gracia aumentada por virtud de la oración a Dios.

El bautismo de los niños, como muy conforme con la institución de Cristo, debe conservarse enteramente en la Iglesia.

28. *De la cena del Señor*

La cena del Señor no es solamente signo del amor mutuo que los cristianos deben tener entre sí; sino más bien un sacramento de nuestra redención por la muerte de Cristo; de modo que para los que recta y debidamente, y con fe, lo reciben, el pan que partimos es la participación del cuerpo de Cristo; y del mismo modo, la copa de bendición es la participación de la sangre de Cristo.

La transubstanciación, o la mutación de la substancia del pan y del vino, en la cena del Señor no puede probarse por las Sagradas Escrituras; antes bien repugna a las palabras terminantes de los

---

[18] 'instrumento' (Latín *instrumentum*) puede significar un instrumento legal, aunque el verbo 'injertar' va en contra. Si no, el énfasis del Artículo recae sobre 'rectamente' (Latín *recte*) que hace condicional el efecto del bautismo.

Libros Sagrados, trastorna la naturaleza de sacramento y ha dado ocasión a muchas supersticiones.

El cuerpo de Cristo se dá, se toma, y se come en la cena de un modo celestial y espiritual únicamente; y el medio, por el cual el cuerpo de Cristo se recibe y se come en la cena, es la fe.

Cristo nunca ordenó que el sacramento de la cena del Señor fuera reservado, llevado en procesión, elevado ni adorado.

29. *De los impíos, quienes no comen el cuerpo de Cristo en la cena del Señor.*

Los impíos y los que no tienen fe viva, aunque compriman carnal y visiblemente con sus dientes (como dice San Agustín) el sacramento del cuerpo y de la sangre de Cristo, no por eso son en manera alguna partícipes de Cristo; antes bien, para su condenación, comen y beben el signo o sacramento de una cosa tan grande.

30. *De las dos especies*

La copa del Señor no debe negarse a los laicos; pues que ambas partes del sacramento del Señor, por institución y mandato de Cristo, deben administrarse igualmente a todos los cristianos.

31. *De la única oblación de Cristo consumada en la cruz.*

La oblación de Cristo una vez hecha, es la perfecta redención, propiciación y satisfacción por todos los pecados (tanto original como actuales) del mundo entero; y ninguna otra satisfacción hay por los pecados, sino ésta únicamente. Y así, los sacrificios de las misas, en los que se decía comúnmente que el presbítero ofrecía a Cristo en remisión de la pena o culpa por los vivos y los difuntos, son fábulas blasfemas y engaños perniciosos.

32. *Del matrimonio de los presbíteros*

Ningún precepto de la ley Divina manda a los obispos, presbíteros y diáconos vivir en el estado del celibato o abstenerse del matrimonio; es lícito, a ellos también, lo mismo que a los demás cristianos, si creyeren que así les conviene mejor para la piedad, contraer a su discreción el estado de matrimonio.

33. Cómo deben evitarse las personas excomulgadas

La persona que, por pública denuncia de la Iglesia, es separada de la unidad de la Iglesia y debidamente excomulgada, debe ser reputada como un pagano y publicano[19] por todos los fieles, mientras por medio de penitencia, no fuera públicamente reconciliada y recibida en la Iglesia por un juez competente.

34. De las tradiciones de la iglesia

No es necesario que las tradiciones y ceremonias sean en todo lugar las mismas o totalmente parecidas; porque en todos tiempos fueron diversas, y aun pueden mudarse según la diversidad de países, tiempos y costumbres, con tal que en ellas nada se establezca contrario a la Palabra de Dios.

Cualquiera que por su privado juicio voluntaria e intencionalmente quebrante en forma manifiesta las tradiciones y ceremonias de la Iglesia, que no son contrarias a la Palabra de Dios, y que están ordenadas y aprobadas por la autoridad pública, debe, para que teman otros hacer lo mismo, ser públicamente reprendido, como perturbador del orden público de la Iglesia, como despreciador de la autoridad del magistrado, y como quien vulnera las conciencias de los hermanos débiles.

Toda iglesia particular o nacional tiene facultad para instituir, mudar o abrogar las ceremonias o ritos eclesiásticos instituidos únicamente por la autoridad humana, con tal que todo se haga para edificación.

35. De las homilías

El segundo tomo de las Homilías, cuyos títulos hemos reunido al pie de este Artículo, contiene una doctrina piadosa, saludable y necesaria para estos tiempos, e igualmente el primer tomo de las

---

[19] Se refiere a Mateo 18:17, un 'publicano' era un cobrador de impuestos.

Homilías publicadas en tiempo de Eduardo Sexto; y por lo tanto juzgamos que deben ser leídas por los ministros diligentemente y con claridad en las Iglesias, para que el pueblo las entienda.[20]

Los nombres de las homilías

1. Del recto uso de la Iglesia
2. Contra el peligro de la idolatría
3. De la reparación y aseo de las Iglesias
4. De las buenas obras; y del ayuno en primer lugar
5. Contra la glotonería y embriaguez
6. Contra el lujo excesivo de vestido
7. De la oración
8. Del Lugar y Tiempo de la Oración
9. Que las oraciones públicas y los sacramentos deben ministrarse en lengua conocida
10. De la respetuosa estima de la Palabra de Dios
11. Del hacer limosnas
12. De la natividad de Cristo
13. De la pasión de Cristo
14. De la resurrección de Cristo
15. De la digna recepción del sacramento del cuerpo y de la sangre de Cristo
16. De los dones del Espíritu Santo
17. Para los días de rogativa
18. Del estado de matrimonio
19. Del arrepentimiento
20. Contra la ociosidad
21. Contra la rebelión

36. *De la consagración de los obispos y ministros*

El libro de la consagración de arzobispos y obispos, y de la ordenación de presbíteros y diáconos, dado últimamente a luz en los tiempos de Eduardo Sexto y con la autoridad del Parlamento de aquel tiempo, contiene todas las cosas necesarias para tal consagración y ordenación; y nada hay en él que sea esencialmente supersticioso o impío. Y por tanto, cualesquiera que hayan sido consagrados u ordenados según los ritos de aquel libro, desde el segundo año del sobredicho rey Eduardo hasta el día de hoy, o que fueren en adelante consagrados u ordenados según los mismos

---

[20] El *tomo de los Homilías* es, de hecho, dos libros, pero fueron unidos en un tomo después del reino de Elizabeth.

ritos; decretamos que todos ellos son y serán consagrados y ordenados recta, ordenada y lícitamente.

37. *De los magistrados civiles*

La Majestad del Rey tiene el supremo poder en este Reino de Inglaterra y en sus demás dominios, y le pertenece el supremo gobierno de todos los estados de este Reino, así eclesiásticos como civiles en todas las causas; y ni es, ni puede ser sometida a ninguna jurisdicción extranjera.

Cuando atribuimos a la Majestad del Rey el supremo gobierno (títulos por los cuales, según entendemos, se ofenden las mentes de algunos calumniadores), no damos a nuestros príncipes la administración ni de la Palabra de Dios ni de los sacramentos; cosa que las ordenanzas publicadas últimamente por nuestra Reina Isabel comprueban con toda claridad; sino aquella prerrogativa únicamente, que en las Sagradas Escrituras vemos haber sido siempre dada a todos los príncipes piadosos por Dios mismo; esto es, que en todos los estados y grados que sean entregados por Dios a su cargo, ya sean eclesiásticos o civiles, refrenen con la espada civil a los contumaces y malhechores.

El Obispo de Roma no tiene ninguna jurisdicción en este Reino de Inglaterra.

Las leyes del Reino pueden castigar a los cristianos con la pena de muerte, por crímenes capitales y graves.

Es lícito a los cristianos, por orden del magistrado, tomar las armas y servir en las guerras.

38. *Que los bienes de los cristianos no son comunes*

Las riquezas y los bienes de los cristianos no son comunes en cuanto al derecho, título y posesión, como falsamente se jactan ciertos anabaptistas. Pero todos deben dar a los pobres generosamente limosna de lo que poseen, según sus posibilidades.

39. *Del juramento del cristiano*

Así como confesamos que a los cristianos les está prohibido por nuestro Señor Jesucristo y su apóstol Santiago el juramento vano y temerario; así también juzgamos que la religión cristiana de ningún modo prohíbe que uno jure cuando lo exige el magistrado en causa de fe y caridad, con tal que esto se haga según la doctrina del profeta, en justicia, en juicio, y en verdad.[21]

LA RATIFICACIÓN

Este Libro de los Artículos anteriormente ensayado, es nuevamente aprobado, y está permitido tenerlo y usarlo en el Reino, por la aprobación y consentimiento de nuestra soberana ISABEL, por la gracia de Dios, de Inglaterra, Francia e Irlanda, Reina, Defensora de la fe, &c. Estos Artículos fueron deliberadamente leídos, y confirmados nuevamente por la subscripción de las firmas de los arzobispos y obispos de la Cámara Alta, y por la subscripción de todo el clero de la Cámara Baja en su Asamblea General en el Año de nuestro Señor 1571.

---

[21] Las referencias son Mateo 5:33-37, Santiago 5:12, Jeremías 4:2

I. INTRODUCCIÓN

Cuando miro hacia atrás, a mis 27 años de servicio ordenado en la Iglesia de Inglaterra (anglicana), y me pregunto lo que he hecho durante ese tiempo, la respuesta que surge es la siguiente: perseguí dos metas, que en un sentido eran una sola, ya que la última me ayudaba a alcanzar la primera. Yo practicaba una religión popular y formalista que pasaba por anglicanismo, porque así fui criado, hasta que en la universidad me convertí verdaderamente. Y esa fue mi primera meta: anhelaba ver las parroquias inglesas avivadas en el evangelio, y trabajé para ese fin durante años. Y, habiendo conocido la herencia reformada y puritana, de la Iglesia de Inglaterra en los escritos de hombres tales como J.C. Ryle, vi que el discipulado más sano, la madurez más auténtica, la adoración más digna, y el testimonio más valioso fluyen de un conocimiento profundo de la verdad revelada de Dios, más profundo de lo que se buscaba en los círculos que yo conocía. Y ahí comenzó mi segunda meta. Me uní a otros que pensaban igual que yo, e hicimos campaña específicamente para que existiera un mayor estudio de la fe bíblica, para que para que se pensara más en amar a Dios, y para que los anglicanos evangélicos estuvieran más alertas en cuanto a la teología. Esperábamos que así avanzaría la Reforma y habría un avivamiento, al dejar que la palabra de Dios tuviera libertad en esa forma.

Por más de una década, y hasta más o menos 1965 pensé que la educación teológica, en los programas parroquiales, en la visión de los pastores y en el interés del laicado, se había ganado terreno significativo; sin embargo, desde entonces, mi impresión es que debido a una combinación de factores, algunos que distraen y otros que se oponen a la educación teológica, el pietismo anti-intelectual, alimentado y regado por el comercio de libros, ha ganado nuevamente el control en forma amplia. El estudio bíblico continúa, y libros que promueven ese propósito con títulos como *Food for Life (Alimento para la Vida),* abundan; el evangelismo y el discipulado continúan, y libros con títulos como *Discipleship (Discipulado)* también abundan; pero el interés teológico (con lo cual quiero decir, la pasión de conocer todo coherente y minuciosamente en términos de la palabra, la voluntad y la obra de Dios), ha decaído. La única área en la que hay una excepción es en la que se refiere a los estándares sociales, donde la perspicacia ética (la ética es, por supuesto, una rama de la teología) pareciera haberse intensificado firmemente, al menos en ciertas materias.

No obstante, veo grandes diferencias entre el pietismo anglicano de la primera mitad de este siglo y el de la segunda mitad. El primero, era rígido y estricto en mantener una práctica protestante en la Iglesia, mirando esto como una forma importante de protestar en contra de una doctrina no evangélica. Además, se mantuvo distante de la vida institucional centralizada de la Iglesia, en protesta en contra de las cosas mundanas y egoístas que parecían haber allí. En contraste con esto, el pietismo de hoy, tiende a tratar a lo "protestante" como una palabra mala, ignora los aspectos distintivos de la práctica protestante, se involucra fuertemente en los asuntos diocesanos y sinódicos, y a veces parece que anhela más el reconocimiento que una reforma. Los evangélicos "han hecho su contribución" (la frase está entre comillas porque es la traducción de la expresión que entre los evangélicos casi se ha convertido en un lema: *'shibolet,'* una referencia a Jueces 12:5-6; es evidencia de la identidad de uno, más que un lema secreto; todos la repiten sin pensar) a la obstinada y establecida `Broad Church' (Iglesia Amplia) de Inglaterra, en una forma que antes hubiera sido inconcebible para ellos mismos por razones de conciencia. Me gustaría estar equivocado al pensar que con este aumento de participación ha habido una disminución en la seriedad teológica; porque, si estoy en lo correcto, aunque los números evangélicos crezcan (y el crecimiento numérico desde 1950 ha sido espectacular), el pensamiento evangélico difícilmente podrá mantener su propia integridad, y no podrá dar forma, de ninguna manera, a la expresión futura de la Iglesia de Inglaterra. Pero, aunque desearía estar equivocado, no puedo aún persuadirme a mí mismo de que lo esté.

Durante los dos últimos siglos ha habido dos ingredientes

que se han mezclado para dar forma al anglicanismo evangélico, mezclándose en diferentes proporciones en distintos hombres. Uno de los ingredientes, ha sido la forma de expresión de una iglesia nacional, teológicamente vigorosa, anti-romana como la de Jewel, Hooker, Pearson, Waterland, y más recientemente William Goode, Hugh McNeile, Nathaniel Dimock, Henry Wace, E.A.Knox, Daniel Bartlett, Charles Sydney Carter, y muchos otros. El segundo ingrediente es el pietismo, generalmente pacífico, cuya raíz estuvo en el avivamiento evangélico del siglo XVIII y que centró su preocupación en la conversión personal, la "seriedad" de la vida, la devoción disciplinada, la conversación edificante, las buenas causas, y el ganar almas tanto en Inglaterra como en el extranjero. La Secta de Clapham, Charles Simeon y Handley C.G. Moule, ejemplifican esto. Cuando los dos ingredientes se han combinado con igual fuerza en mentes capaces, el resultado ha sido impresionante: J.C. Ryle, T.P. Boultbee, W.H.Griffith Thomas, T.C.Hammond, A.M. Stibbs, son ejemplos de ello. No obstante, en mentes más pequeñas, más estrechas, en las que ha dominado sólo uno de los dos aspectos, y uno ha tendido a silenciar al otro, se produce algo torcido. Por un lado se tiene una mente clara, una lengua afilada, pero con un protestantismo frío, o bien, se tiene una calidez devocional en una confusa neblina doctrinal. Actualmente, como he dicho más arriba, pienso que el pietismo pacífico está mucho más en boga; y aunque muchos pietistas conocen bien la teología histórica del debate de la Reforma, muy pocos parecen ser capaces de ver lo que los principios de la Reforma implican para las iglesias anglicanas hoy en día.

Escribo el presente ensayo debido a que pienso que el encarar y dialogar con los Treinta y Nueve Artículos ayudará a los Anglicanos a ambas cosas: por un lado, a volver a aprender; y, por otro lado, a volver a aplicar algunas verdades bíblicas básicas con las que la auténtica identidad anglicana está ligada. Este ejercicio no sólo le dará al pietismo evangélico el carácter teológico necesario, sino que también producirá el efecto de traer a todos los anglicanos más cerca de Cristo, y más cerca los unos de los otros. Estoy en profundo desacuerdo, con la idea moderna de que sería más seguro, más sabio y más sano olvidarse completamente de los Artículos.

Creo que en una cristiandad dividida las iglesias necesitan afirmaciones confesionales, y que es poco realista tratar de avanzar sin ellas. Creo que las buenas fórmulas credales y confesionales siempre tienen un rol fundamental que juegan en educar y hacer madurar al pueblo de Dios. Creo que las afirmaciones domésticas de fe que surgieron por toda Europa Occidental en los tiempos de la Reforma, entre ellos los Treinta y Nueve Artículos, tienen un gran peso y valor teológicos, y son de importancia permanente en la búsqueda ecuménica de la unidad de la fe. Más aún, creo que las iglesias deberían seguir en contacto con sus bases doctrinales, valorándolas como confesiones de fe, y como desafíos a la fidelidad, en vez de descartarlas como expresiones curiosas. Junto con eruditos en general, creo que los Artículos anglicanos son un credo denominacional hábilmente elaborado, y de alta calidad. Junto con los anglicanos evangélicos en general, creo que el recuento que dan los Artículos de los fundamentos cristianos, es bíblico, verdadero y esencial. Espero que en el transcurso de mi argumento pueda yo justificar todas estas convicciones que propongo ahora para que el lector pueda conocer mi punto de vista. Creo que hoy, toda la Iglesia de Inglaterra sería enormemente enriquecida por un renovado y serio encuentro con sus propios Artículos, y nadie estaría más contento que yo, si lo que escribo ayuda a que esto suceda.

2. EL SILENCIO ANTE LOS ARTÍCULOS

"¿Qué haremos con el marinero borracho?" pregunta la canción del cabrestante empujador. ¿No hay acaso necesidad de hacer una pregunta paralela acerca de la Iglesia de Inglaterra? No es que se pueda llamar borracha a una organización tan sobria; pero hay aspectos de sobriedad eclesiástica que los anglicanos en Inglaterra (para no mirar más lejos), en gran medida, han descuidado por mucho tiempo. Uno de estos descuidos es no haber mantenido una relación responsable con los Treinta y Nueve Artículos. La canción hace sus pintorescas propuestas para dejar sobrio otra vez al marinero borracho, y yo tengo algunas sugerencias sobrias que hacer acerca de los vínculos con los Artículos que urgentemente necesitamos establecer. Pero antes, debemos examinar detenidamente las cosas tal cómo son.

Los Artículos fueron redactados hace más de cuatro siglos con el fin de definir la posición de la Iglesia en varios puntos clave y, por lo tanto, ser una prueba permanente del buen estado doctrinal de los pastores, a quienes les sería requerido subscribirse (asentimiento o aprobación al firmar al pié de un documento; la subscripción es una declaración formal de asentimiento a los Artículos). Como una presentación oficial de ortodoxia anglicana, los Artículos fueron considerados el material adecuado para la instrucción de los laicos y, hasta antes de este siglo, a menudo fueron usados de esta forma. No obstante, hoy en día los laicos anglicanos, o no saben nada acerca de los Artículos o no les interesan; no se dan pláticas sobre ellos, no se escriben libros acerca de ellos, los teólogos los pasan por alto, y la mayoría de los pastores, aunque se han subscrito a ellos, si se les pregunta tendrían que admitir que ni siquiera consideran algunos de ellos. Lo que sí sucede, es que a menudo se les cita para ridiculizarlos, debido a que el vocabulario que se utiliza en ellos suena curioso, o porque se piensa que, lo que se dice en ellos, es anticuado, al grado de ser extraño. Los mencionan burlonamente, diciendo: "los Artículos afirman que Dios no tiene cuerpo, partes o pasiones"; o "como dicen los Artículos, Jesús murió para reconciliarnos con su Padre"; o "su cuerpo resucitado tenía huesos, ¡eso dicen los Artículos!"; o "los Artículos aseveran que los pelagianos hablan en vano (son los que niegan que el pecado de Adán se hubiese transmitido a su descendencia)"; o "aseveran que el purgatorio es algo ilusorio vanamente inventado"; etc. Los usan para burlarse de ellos, comentando: "¡qué cosa más cómica y anticuada!." Sin embargo, todavía con más frecuencia, a los Artículos se les hace el mismo caso que a un perro dormido: se les deja simplemente a un lado. Y la Iglesia continúa como si nunca hubieran existido.

2.1. *Los Artículos no tienen voz en la teología anglicana*

Por lo tanto, los Artículos no tienen voz en la *teología* anglicana contemporánea. Si es que se refiere a ellos en los seminarios teológicos, se hace como a memoriales históricos, no como a baluartes de la fe anglicana ni como a desafíos a nuestra actual rebeldía. Los teólogos anglicanos de hoy en día abrazan todo tipo de ideas, pero no hablan como hombres que se hayan confrontado seriamente ante el testimonio de los Artículos en ni siquiera un tema; y la firme y armoniosa enseñanza que se debería lograr con el asentimiento de los pastores, nunca se da. Este ya era un problema antiguo en 1939. En aquel año, el entonces obispo de Durham, Herbert Hensley Henson, escribió acerca de este problema de la siguiente manera.

> La razón de ser de sujetarse a los Treinta y Nueve Artículos es la necesidad de acordar una sola versión de la fe católica a la cristiandad dividida. En los Artículos tenemos la versión anglicana de la tradición católica de fe y disciplina. Ningún anglicano fiel tiene derecho a formular otra.
>
> Tanto por las relaciones que se dan con otras ramas de la Iglesia, como por la instrucción de sus propios miembros, es en realidad indispensable que exista algún tipo de declaración con autoridad, de la enseñanza y la práctica específicamente anglicana. Los Treinta y Nueve Artículos proveen tal declaración con autoridad, y si ellos fueren abandonados, sería necesario proveer un substituto.

Siempre que la sociedad cristiana tenga opiniones divididas sobre temas tan fundamentales que rebasen incluso el interés por tener una unidad visible, las iglesias separadas deben existir, y deben demostrar la causa de por qué existen. Sería evidentemente intolerable que se les autorizara a ciertos hombres a ministrar como oficiales y maestros, y que ellos no asintieran la doctrina y disciplina de la Iglesia que los comisionó. Sería igualmente intolerable si los feligreses no tuvieran la seguridad de que no existe un mero individualismo por parte de los pastores. Entonces, parece ser la lógica conclusión, que la subscripción es realmente indispensable, tanto por la protección del pueblo como por la seguridad de la Iglesia.

No obstante, cuando pasamos de las consideraciones teóricas, a la situación real de la Iglesia de Inglaterra en el tiempo presente, nos confronta un extraño espectáculo de confusión doctrinal, que demuestra el fracaso de la subscripción, pues ésta no pudo asegurar ninguno de los dos objetivos para los cuales se supone fue diseñada: no provee ninguna garantía efectiva del buen estado doctrinal de los pastores subscritos, y no protege al pueblo de ministros herejes. La Iglesia de Inglaterra actual exhibe una incoherencia doctrinal que es única entre las iglesias tradicionalmente ortodoxas[22].

Tendría que haber alguien muy valiente para argumentar que las palabras que Henson escribió han dejado de ser aplicables. El único cambio que aparentemente se ha dado es que la tentación que ahora tienen los clérigos de tratar a los Artículos como letra muerta parece ser más fuerte que nunca, debido a la forma en que se les enseña teología a los candidatos a la ordenación. Los textos de teología anglicana solían tomar la forma de exposiciones discursivas de los Artículos, como los de Bicknell (católico liberal) y Griffith Thomas (protestante evangélico), siendo éstos los más usados.[23] (El último en

---

[22] Herbert Hensley Henson, *The Church of England (La Iglesia de Inglaterra)*, (Cambridge: CUP, 1939), pp. 107s.
[23] E.J.Bicknell, *A Theological Introduction to the Thirty-nine Articles in the Church of England, (Una Introducción Teológica de los Treinta y Nueve Artículos en la Iglesia anglicana)*, (London: Longmans, Green, 1919; tercera edición, revisada y con

la misma línea fue *Anglican Teaching (Enseñanza Anglicana)* de Wilson y Templeton, dos eruditos irlandeses, publicado en 1962).[24] Pero hoy en día el texto más común es el de John Macquarrie, *Principles of Christian Theology (Principios de la teología cristiana)* (1967; segunda edición 1977), una obra de un anglicano que nunca menciona los Artículos. Y no conozco ninguna facultad de ninguna universidad ni de ningún seminario teológico donde se enseñe teología discutiendo los Artículos en el sentido antiguo. No quiero sugerir que el alcance y estilo más ecuménico de la educación de los pastores anglicanos modernos sea un desastre total; sólo observo que, diga lo que diga a su favor, la educación actual está hecha a propósito para asegurar que los Artículos nunca más den forma a la teología anglicana.

2.2. Los Artículos no tienen voz en la liturgia anglicana

Además, los Artículos no tienen voz en la *liturgia* anglicana contemporánea. Históricamente, se ha dado por entendido durante mucho tiempo que los Artículos formulan las creencias expresadas en los servicios del Libro de Oración, y los términos en los cuales debemos interpretar dichos servicios ahora. De la misma forma, entonces, los Artículos deberían tener la misma relación con las varias formas revisadas y/o nuevas de adoración (a veces es difícil saber qué descripción concuerda mejor) que la comunidad anglicana ha producido en los últimos años. ¿O quizás no haya tal relación? Es

---

bibliografía de H.J. Carpenter, 1955); W.H. Griffith Thomas, *The Principles of Theology: An introduction to the Thirty-nine Articles, (Principios de Teología: Una Introducción a los Treinta y Nueve Artículos)*, (London: Church Book Room Press, 1930; nueva edición, con una introducción y bibliografía por J.I.Packer, 1977)

[24] W.G. Wilson and J.H. Templeton, *Anglican teaching: An Exposition of the Thirty Nine Articles (Enseñanza anglicana: Una Exposición de los Treinta y Nueve Artículos)*, (Dublin APCK, 1962). La más reciente exposición breve fue la de David Broughton Knox, *Thirty nine Articles: The Historic Basis of Anglican Faith (Los Treinta y Nueve Artículos: La base histórica de la fe anglicana)*, (London: Hodder and Stoughton, 1967).

claro que los que han producido estas fórmulas rara vez pensaron en estos términos, si es que lo pensaron alguna vez. Comparar los diferentes servicios es un estudio fascinante.[25] La poderosa presión hacia establecer una normalización que hoy afecta a todos los fabricantes de cualquier cosa, se ha dejado sentir en los compositores anglicanos de liturgia en todo el mundo. Las comisiones litúrgicas en las diferentes provincias han tenido acceso al trabajo de otras, y han tomado prestado de otras, y podemos con toda razón decir que estamos viendo el cumplimiento de la esperanza expresada en la Conferencia de Lambeth de 1958:

> que ahora es posible trabajar por una liturgia que se aprobará en toda la comunidad anglicana... un patrón básico para el servicio de la Santa Comunión que se recomendará a sí misma en todas las provincias.[26]

Pero, al igual que los autores de los ritos bautismales del *Libro de Culto Alternativo* (ASB, por sus siglas en inglés) de 1980, que no mostraron ningún interés en expresar litúrgicamente la doctrina del pecado original (Artículos 9 y 10), y que de hecho no se expresó claramente ahí, como se hizo en el rito de 1662; de la misma forma, los autores de los nuevos servicios de Comunión no han mostrado la intención de expresar litúrgicamente el drama y la gloria de la justificación del pecador sólo por fe (Artículos 10 – 16), como lo hizo

---

[25] Para comenzar este estudio, ver B.J. Wigan, *The Liturgy in English (La Liturgia en Inglés)* , (London, Alcuin Club. 1962); C.O.Buchanan, *Modern Anglican Liturgies, 1958 – 1968 (Liturgias anglicanas Modernas) (London: OUP, 1968); Further Anglican Liturgies, 1968 - 1975 (Más Liturgias anglicanas) (Bramcote: Grove Books, 1975)*; G.J.Cuming, *A History of Anglican Liturgy (Una Historia de la Liturgia anglicana)* (London: Macmillan, 1969, segunda edición, 1982); *The Book of Common Prayer (El Libro de Oración Común)* (New York: Church Hymnal Corporation and Seabury Press, 1977); *An Australian Prayer Book (Un Libro de Oración Australiano)* (Sydney: Anglican Information Office Press, 1978); *The Alternative Service Book 1980 (El Libro de Servicios Alternativo)*, (London: SPCK, Clowes, and Cambridge: CUP, 1980).
[26] *The Lambeth Conference 1958 (La Conferencia) de Lambeth 1958* (London: SPCK and Greenwich: Seabury Press), 2:81.

el rito de 1662, siguiendo a Cranmer. De hecho, y en comparación, han dejado este tema bastante menos claro. No se puede culpar a los que escriben las liturgias por seguir la moda teológica (¿qué otra cosa podríamos pedir que hicieran?); pero francamente, para los anglicanos que adoran en iglesias donde el ASB es más usado que el de 1662, o que sólo desean estar junto a la comunidad anglicana en su totalidad, la posición de los Artículos como declaración de creencia oficial de la Iglesia de Inglaterra debe parecerles cada vez más anómala y anacrónica.

2.3. *Los Artículos no tienen voz en la comunidad anglicana*

Lo que describo es la situación actual en la que los Artículos no tienen una voz real en la comunidad anglicana. Y no es debido a que se piense que estén mal, sino que, en general, nadie piensa en ellos. No sólo es que no son el foco de unidad de la comunidad anglicana; sino que ya no juegan una parte efectiva en la concepción de esa unidad. Es verdad que la Conferencia de Lambeth de 1888 estableció que las nuevas iglesias misioneras deberían ser reconocidas como anglicanas sólo si "su clero se subscribe a los artículos que vayan de acuerdo con las declaraciones expresas de nuestras normas de doctrina y adoración"; aunque también agregó que "no es necesario que estén obligados a aceptar todos los Treinta y Nueve Artículos de Religión."[27] ¡Muy bien!, podríamos decir que ésa es una observación razonable, pues los Artículos son el producto de la iglesia europea del siglo XVI, y algunos se relacionan específicamente con la Inglaterra de la época de los Tudor, y difícilmente podrían ser una base de fe ideal para una nueva iglesia, digamos, en África o en los mares del Sur.[28] Pero, en la

---

[27] *The Lambeth Conferences (Las Conferencias de Lambeth)*, 1867 – 1930 (London: SPCK, 1948), pág. 292

[28] Sin embargo, la primera de las Estipulaciones Fundamentales de la Constitución de la Iglesia de Uganda dice: "La Iglesia de Uganda sostiene y mantiene las doctrinas y sacramentos de Cristo... como la Iglesia de Inglaterra las ha recibido en el Libro de Oración Común, y en la forma y manera de hacer, ordenar y consagrar Obispos, Presbíteros y Diáconos y en los Treinta y Nueve Artículos de Religión, y además

práctica, el requisito positivo de esta resolución ha sido incumplido tantas veces que ha sido observado.[29] De la misma forma, debe notarse que en el constantemente ratificado "Cuadrilátero de Lambeth" (Escritura, los credos ecuménicos, los dos sacramentos dominicales y el episcopado histórico como la base anglicana de la unidad) no se mencionan los Artículos. Y, en 1968, cuando los Artículos ganaron un lugar en la agenda de Lambeth, debido, es de suponer, al informe *Subscripción y Asentimiento a los 39 Artículos* que la Comisión de Doctrina de los Arzobispos ingleses produjo en ese año, la discusión no fue positiva, como muestran las dos referencias a los Artículos en la *Conferencia de Lambeth de 1968*.

La primera referencia es una adición al informe del comité sobre "Renovación en Fe," con título "Los Treinta y Nueve Artículos y la Tradición Anglicana,"[30] en la que se afirma que el asentimiento a los Artículos debería ser entendido como "una expresión de una determinación de ser leal a nuestra múltiple herencia de fe," que incluye más que los Artículos. ¡Muy bien!, podríamos decir otra vez, pues de hecho, y con razón, todas las iglesias maduras operan bajo "una autoridad de forma múltiple" en donde la Escritura, el testimonio del pasado cristiano y la exigencia de que se demuestre que esa fe ha sido probada por el criterio de la historicidad y la coherencia, tienen su lugar, junto con cualquier otro credo denominacional que estas iglesias puedan tener. Pero la adición no reconoce que ni las Escrituras (el estándar primario) ni los Artículos (el estándar subordinado) tengan una relación normativa, interpretativa o crítica con el resto de la "herencia de fe" como se ha desarrollado a través de los años; y, sin esta relación, la declaración de

---

renuncia para sí misma el derecho de alterar cualquiera de los estándares de fe y doctrina antes mencionados."

[29] Ver la Comisión de Doctrina Cristiana de los Arzobispos, *Subscription and Assent to the 39 Articles (Subscripción y Asentimiento a los 39 Artículos)* (London: SPCK, 1968), págs.19-24, para evidencia sobre este asunto.

[30] *The Lambeth Conference 1968 (La Conferencia de Lambeth 1968)*, (London: SPCK and New York: Seabury Press), págs. 82s.

que los Artículos tienen "su lugar en el contexto histórico de una continua tradición anglicana en desarrollo"[31] suena demasiado parecida al catolicismo romano del Cardenal Newman, por lo cual no es muy aceptable.

La segunda referencia es la Resolución 43, que se lee como sigue:

La Conferencia acepta la conclusión principal del informe *Subscripción y Asentimiento* y, en apoyo a su recomendación:

a. sugiere que cada iglesia de nuestra comunidad considere si los Artículos necesitan estar ligados con su Libro de Oración;

b. sugiere a las iglesias de la Comunidad Anglicana que el asentimiento a los Treinta y Nueve Artículos no siga siendo un requisito de los candidatos a la ordenación;

c. sugiere que, cuando se requiera la subscripción a los Artículos o a otros elementos de la tradición anglicana, ésta debería ser requerida, y dada, sólo en el contexto de una declaración que incluya la totalidad de nuestra herencia de fe y que ponga a los Artículos en su contexto histórico.[32]

Ahora, esto fue una tontería, digno tal vez de unos marineros embriagados, pero no de obispos sobrios. El inciso (c) estaba realmente de acuerdo con la recomendación del informe. Sobre el inciso (a) debe notarse que el informe recomendó que los Artículos estuvieran ligados con el Libro de Oración;[33] entonces "si los Artículos necesitan" tendría que haberse leído "si los Artículos no deben" si en verdad hubieran deseado apoyar la recomendación del informe. Pero el inciso (b) contradice en forma directa la recomendación del informe. De hecho toda la resolución fue el producto de un debate apurado de media hora que se llevó a cabo al final de la última mañana de la Conferencia. El inciso (b) fue una enmienda de un

---

[31] Ibid, pág. 82
[32] Ibid, págs. 40s
[33] *Subscription and Assent (Subscripción y Asentimiento)*, sección 100, p. 76.

asistente, aceptada en una votación instantánea.

El Presidente de la Comisión de Doctrina de los Arzobispos, el Obispo Ian Ramsay de Durham, que había presentado la resolución, votó él mismo en contra de ésta en su forma enmendada, y posteriormente animó a la Asamblea de la Iglesia de Inglaterra a tratar el resultado del traspié de Lambeth como una broma, más que como un oráculo carismático. Pero, el hecho de que esto pueda suceder, de alguna forma muestra cuán poca preocupación por los Artículos tienen en estos días la mayoría de los obispos anglicanos.

2.4. *Negar los Artículos crea un problema de integridad anglicana*

Debería estar claro ahora, que el problema sobre el lugar de los Artículos en la Iglesia de Inglaterra moderna no puede tomarse en broma. Es demasiado serio. En el fondo es un problema de *integridad*. Sobre este asunto, como en otros, la Iglesia de Inglaterra es causa de un verdadero escándalo, por aparecer como Jano (el dios de la mitología que tenía doble cara): celebramos los Artículos, pero no les hacemos caso; los afirmamos, aunque no dejamos que nuestros oídos los escuchen; nos quitamos el sombrero ante ellos, al mismo tiempo que los amordazamos. Por un lado, los cánones A2 y A5 del presente código afirman respectivamente:

> Los Treinta y nueve Artículos están en conformidad con la Palabra de Dios y pueden ser asentidos en buena conciencia por todos los miembros de la Iglesia de Inglaterra.

y también asevera que:

> La Doctrina de la Iglesia de Inglaterra está cimentada en las Santas Escrituras, y en las enseñanzas de los antiguos Padres y Concilios de la Iglesia que están de acuerdo con las Escrituras mencionadas. En particular, tal doctrina se encuentra en los Treinta y Nueve Artículos de Religión, en el Libro de Oración Común, y en el Ordinal.

No obstante, por el lado contrario, a ningún laico se le requiere que subscriba o aun que conozca los Artículos; la actual fórmula de subscripción clerical no involucra aprobar ningún aspecto específico que los Artículos mencionen; y los pastores que son acusados de contradecir los Artículos se declaran culpables sin que se inmuten, y lo hacen sabiendo que no van a ser castigados por su posición. Por decirlo con palabras sencillas, tratamos a los Artículos como un objeto raro histórico de 4000 palabras que, debido a su antigüedad, no es apto para seguir funcionando como el credo denominacional y estándar que profesamos que es. La cuestión de nuestra integridad entonces se agudiza, debido a que nuestro atrincheramiento constitucional y nuestra práctica de degradar los Artículos se contraponen profundamente.

¿Qué es lo que mueve a la moderna Iglesia de Inglaterra a tratar los Artículos en forma tan liviana? Varias personas tienen diferentes razones, pero aquí yo trato con aquella que es tal vez la más respetable. La Iglesia de Inglaterra reclama ser la Iglesia católica (universal) de Dios en Inglaterra, y la sospecha crónica es que, siendo los Artículos un producto local, polémico y hasta cierto punto *ad hoc*, son esencialmente un documento sectario que impide afirmar la catolicidad en vez de apoyarla. Pero esta idea está equivocada, pues irónicamente, lo exactamente opuesto es lo correcto. La catolicidad es un asunto de creencia y de doctrina antes que de cualquier otra cosa, y los Artículos contienen lo que el título de la exposición ampliada de éstos, por Thomas Rogers en 1607, llamó: "la doctrina católica asentida y profesada en la Iglesia de Inglaterra." Los Artículos demuestran catolicidad, no la disminuyen. Cualquier otra idea sostiene una idea sectaria de catolicidad (y con idea sectaria, me refiero, en el sentido clásico de hacer, o bien ver, a la división que el Señor no hace ni ve) y, por lo tanto, no logra reconocer y expresar la unidad que el Señor realmente ha establecido. El presbiteriano A.C. Cochrane escribe acerca de los Artículos:

> Una iglesia reformada, sin duda verá en una Iglesia de Inglaterra que profesa los Treinta y Nueve Artículos, una genuina Iglesia evangélica y protestante y (una) en la que, *en este sentido,* es la Iglesia única, santa y católica.

Lamentablemente,

(y así continúa, con un lenguaje cortés y moderado, aunque la situación a la que se refiere no lo merece)

> uno nunca está muy seguro si la Iglesia de Inglaterra quiere que su catolicidad sea entendida ¡en términos de los Treinta y Nueve Artículos![34]

Nótense los signos de admiración que se usan en la exclamación al final de la cita, arriba. Un observador menos caritativo diría que la Iglesia de Inglaterra claramente *no* desea que su catolicidad sea entendida en esos términos; porque las acciones hablan más fuerte que las palabras, y la acción anglicana es en efecto una petición a otros de que no tomen en serio nuestras lindas palabras acerca de los Artículos, debido a que nosotros mismos no los tomamos en serio. Los anglicanos (el mismo observador también podría decir) hacen sobre este punto una virtud. Pero es una actitud hacia sus propias declaraciones públicas, que en la política bien podría ser llamada duplicidad cínica; y en los negocios se llamaría mala fe. Tal actitud es (estaría tentado a agregar) tan falta de principios en el mundo de la iglesia, como lo sería en el mundo de la política y los negocios, y aquellos que la adoptan deben estar avergonzados de sí mismos.

Ahora, esto no es una nueva idea; es un sentimiento que por los últimos cien años ha sido expresado tanto desde adentro como desde afuera de la Iglesia de Inglaterra, y muchos anglicanos han tenido que acostumbrarse a encogerse de hombros y no hacer caso. Pero, uno se pregunta: ¿cómo puede alguien responsable hacer tal cosa? ¿Cómo puede alguien que toma el servicio a Dios en serio considerar que tal duplicidad y lenguaje con doble sentido sean justificables? Y lo peor es que se hacen esfuerzos para justificarlos, y aquí hago notar dos de ellos.

Primero, se ha argumentado que la verdadera vocación anglicana es ser una comunidad *dialéctica*, un centro de discusión y

---

[34] Arthur C. Cochrane, *Reformed Confessions of the Sixteenth Century (Confesiones Reformadas del Siglo Dieciséis)* (London. SCM, Press, 1966), pág. 22.

debate donde tres tipos de teología, reformada, romanista y reformista radical, luchan entre sí, mientras que la institución que las recibe les permite tener un lugar para discutir pero sin comprometerse en forma decisiva con ninguna de ellas.[35] Pero esto es una racionalización de la historia que la historia misma refuta. Como el estudioso Philip Schaff hizo notar hace un siglo atrás:

> Los historiadores continentales, tanto protestantes como católicos, clasifican a la Iglesia de Inglaterra, dentro de las iglesias reformadas, distinta a las luteranas, y sus Artículos se encuentran en cada colección de las confesiones reformadas.

El notó, en efecto, lo mismo que todos los estudiantes del anglicanismo deben notar, que:

> la interpretación teológica de los Artículos hecha por los escritores ingleses ha sido mayormente conducida en un espíritu polémico en vez de histórico... los moderados de la iglesia alta[36] y arminianos, a quienes nos les gusta el calvinismo, los representan como puramente luteranos (nota al pie: el Arzobispo Laurence de Cashel, y Hardwick); los anglocatólicos y tractarios, que aborrecen tanto al luteranismo como al calvinismo, se esfuerzan por conformarlos lo más posible a los decretos contemporáneos del Concilio de Trento (nota al pie: Newman, Pusey, Forbes); los de la iglesia baja, calvinistas y evangélicos, encuentran en ellos sustancialmente su propio credo.[37]

Pero Schaff fue capaz de mostrar que en cada punto, a excepción de los que se refieren a la relación entre la Iglesia y el Estado y a la aceptación del episcopado (Artículos 37, 36), los Artículos sin lugar a

---

[35] En *A Kind of Noah's Ark? The Anglican Commitment to Comprehensiveness* (¿Una especie de Arca de Noé? El Compromiso Anglicano a Abarcar Todo) (Oxford: Latimer House, 1981), págs. 24-26, yo he discutido esta idea tal y como ha sido formulada por E. Amand de Mendieta y en la Conferencia de Lambeth de 1948.

[36] Son los moderados del sector de la Iglesia anglicana muy cercano a la liturgia y ritos católicorromanos. La iglesia baja es el sector de tendencia más protestante.

[37] Philip Schaff, *A History of the Creeds of Christendom – (Una Historia de los Credos de la Cristiandad)* (London: Hodder and Stoughton, 1877), pág. 622.

duda se encuentran en la corriente principal reformada.[38] La verdad es que durante más de cuatro siglos el compromiso reformado de la Iglesia de Inglaterra, expuesto en los Artículos, ha sido un hecho público, y la sugerencia que ha surgido en este tiempo acerca de la identidad esencialmente dialéctica del anglicanismo debe ser rechazada como un capricho privado, un deseo, sin justificación histórica, que va en contra de las realidades históricas establecidas. Pongo como ejemplo, que yo con mi pasaporte británico no puedo pretender ser un ciudadano de Bolivia o Brasil cuando inspeccionen mi pasaporte; de la misma manera, uno no puede negar de forma convincente el compromiso reformado de la Iglesia de Inglaterra cuando se toma nota de los formularios oficiales; porque uno no puede pretender que los Artículos no existen, o que no son lo que en verdad son.

Segundo, se ha pretendido que el anglicanismo de la Iglesia de Inglaterra desde la Reforma debería ser definido solamente en términos *litúrgicos*. Una editorial oracular en *The Times* del 19 de Enero de 1960, afirmó:

> Sostener que (lo que los cristianos creen) se expresa mejor en formas de adoración colectiva que en definiciones teológicas... Es el Libro de Oración Común... y no los Artículos, en lo que consiste el

---

[38] Ibid., págs.622s. Schaff formula su conclusion de esta manera: los Artículos son católicos en cuanto a la Trinidad y la Encarnación, tomando frases prestadas de las confesiones luteranas de Ausburgo (1530) y Wurtemberg (1552); son agustinos, como todas las primeras declaraciones luteranas y reformadas acerca del libre albedrío, el pecado y la gracia; son protestantes y evangélicos, como todas las otras confesiones reformadas acerca de la Escritura, la justificación, la fe y las buenas obras, y la iglesia; son "*reformados* y *medianamente calvinistas*" en cuanto a la predestinación y la cena del Señor, en contra de los luteranos; son erastianos en cuanto a la supremacía real en los asuntos eclesiásticos; y son "puramente anglicanos" en cuanto a los obispos. Schaff cita en la carta del obispo John Jewel, "el revisor final" de los Artículos, a Peter Martyr en Zurich en 1562: "En cuanto a las materias de doctrina, hemos raspado, todo dejando sólo lo más importante, y no diferimos de ustedes ni por el grosor de una uña." (pág. 603, citando desde *Zurich Letters* (Las Cartas de Zurich), (London: Parker Society (P.S.), 1842) 1.100).

anglicanismo.

¿Es verdad? ¿Es entonces, el anglicanismo, solamente un ente litúrgico, y no una posición confesional? ¿Es el título de propiedad de la Iglesia de Inglaterra sólo un juego de servicios reglamentados, separados de cualquier declaración de fe? Cranmer, y Laud, y el latitudinario Burnet, y los evangélicos de los siglos XVIII y XIX, y los tractarios, y Pusey, y los jueces del último siglo que emitieron veredictos en los juicios sobre herejías y ritos, y de hecho toda la historia post-Reforma de la Iglesia de Inglaterra hasta este siglo, nos darían la respuesta, si les dejamos hablar. El anglicanismo histórico no es sólo un estilo de adoración; es también, y fundamentalmente, una posición confesional. La idea de que la esencia del anglicanismo es el Libro de Oración Común, sin los Artículos, es otra racionalización del siglo XX (otro deseo privado) que surge del hecho de que algunos que pensaron (no siempre en forma correcta) que aunque tuvieran teologías completamente diferentes, aún así podían usar las mismas formas de oración pública.

Es, por supuesto, un asunto abierto para cualquiera, el argumentar que el anglicanismo necesita ser redefinido en nuestros días, tal como necesitó ser redefinido en el siglo dieciséis; y que la nueva definición que se necesita clama por un cambio de curso y convicción hoy, tal y como se hizo entonces; y que la voz de la historia y el testimonio de ayer no deberían limitar lo que el anglicanismo debería buscar ser ahora y mañana. Dichos argumentos, sin embargo, tendrán solamente el estatus de ser opiniones privadas desafiando la historia; no pueden ser representados como el veredicto, la lección y el mensaje de aquella historia. Porque la historia anglicana exhibe una identidad teológica definida, encarnando la catolicidad recuperada de la creencia protestante evangélica, una identidad que durante los tres siglos después de la Reforma, satisfizo e incluso deleitó, al clero, y de igual forma al laicado, incluso a muchos que no les gustaba la disciplina anglicana. Cuando los ideólogos tractarios y anglocatólicos comenzaron con su autoimpuesta tarea de tratar de cambiar esta identidad, el partidismo y el conflicto doméstico crecieron tanto, que la satisfacción y el deleite disminuyeron drásticamente para todos; y por esta razón, entre otras, la Iglesia de Inglaterra ha sido una Iglesia realmente infeliz durante un siglo y medio, con un problema de identidad que está royendo sus órganos vitales. Pero no significa que la Iglesia de Inglaterra deba ahora negar, u olvidar, la identidad pública que ha tenido casi medio milenio. Hay otras y mejores formas de responder a nuestra situación.

Al llegar a este punto, el amor sentimental por la Iglesia de Inglaterra como institución, y la confianza triunfalista de que cualquier cosa que exista en la vida anglicana está correcta, y que está bendecida por Dios, a veces se combinan para producir una mentalidad genuinamente torcida. No es una mentalidad torcida el rechazar los Artículos como ineptos, crudos, irreflexivos, sectarios e indignos de ser un credo de una iglesia; hablando francamente, eso es ignorancia teológica, que se puede remediar a través del estudio y el conocimiento. Tampoco corresponde a una mentalidad torcida el vender como mercachifle una nueva definición de anglicanismo a cualquiera que quiera comprarla; francamente, eso es individualismo; la disposición de salirse de la norma y parecer excéntrico en lo que parece ser una buena causa, es un rasgo inglés característico, común en la sociedad y en las novelas inglesas. Pero, lo que sí corresponde a una mentalidad torcida, es cuando el apoyo por redefinir el anglicanismo es presentado como el veredicto de la historia anglicana. No es tal cosa; es la consecuencia de la teología personal (excéntrica, según los estándares anglicanos), el punto de vista personal de lo que el cristianismo es y no es, a la luz del cual uno revisa y edita la historia anglicana pasada. Nuestra integridad como anglicanos será cuestionable hasta que seamos lo suficientemente honestos como para enfrentarla, y confesarla.

Pero en todo caso, tal y como está abierto para cualquiera el argumentar que se necesita un nuevo concepto de anglicanismo, así también está abierto a cualquiera el argumentar que no lo está de ninguna manera; y que nuestra verdadera necesidad, para la identidad, para la unidad y para la salud espiritual, es la de retomar el antiguo concepto del cual nos hemos desviado, debido a que nos hemos dedicado a las riñas entre partidos, o bien, hemos tratado de improvisar la paz entre los partidos; para así poder asirnos de nuevo de la amplitud de ese antiguo concepto, que la guerra de partidos ha hecho a muchos perder de vista; y así profundizarlo frente al vasto complejo de teologías relativistas y pluralistas que han surgido en el mundo académico, y que luego han inundado la educación teológica, y que en general han abrumado a las iglesias de habla alemana e inglesa en todo el mundo durante las últimas décadas. Esta es la idea clave de mi argumento en este ensayo; y que una parte esencial de nuestra tarea (y así lo voy a sostener) es la restitución de los Artículos, no solamente como el estándar de creencia en doctrinas específicas, sino también como un modelo de método teológico, como un desafío a confesar la fe del evangelio hoy, y como un compañero constante en la vida teológica de la Iglesia. Es mi firme convicción, que los Artículos son lo suficientemente verdaderos, profundos, bíblicos, evangélicos y magistrales como para tener tal función en medio de la babel y del bullicio del trabajo teológico del tiempo presente, y que necesitamos urgentemente que cumplan esa función en medio nuestro. Los Artículos han estado en silencio demasiado tiempo.

3. LA HISTORIA DE LOS ARTÍCULOS

El propósito de la presente discusión, como ya ha sido mencionado, es teológico y (si me atrevo a usar la palabra) existencial, en vez de constitucional o histórico, pues mi preocupación no es tanto en cuanto al estatus que los Treinta y Nueve Artículos han tenido en el pasado, sino más bien en cuanto a lo que deberían ser en el presente y en el futuro. Pero este problema nos confronta con la forma en que han sido determinados durante cuatro siglos de historia anglicana, y no podemos esperar resolverla sin tener conocimiento de esa historia. Entonces mi siguiente paso será una retrospección histórica relativamente completa.

Para nuestro propósito actual, los hechos más importantes en la historia de los Artículos pueden ser presentados bajo cuatro encabezados:

3.1. *El establecimiento de los Artículos como estándar doctrinal.*

La necesidad de tener declaraciones a favor, que mostraran cuál era la posición de la Iglesia de Inglaterra en cuanto a las disputas teológicas de la Reforma, se dejó ver dentro de los dos primeros años del rompimiento de Enrique con Roma, en 1534. Para enfrentar a esta necesidad, se formularon los conservadores *Diez Artículos,* en 1536; seguidos por unas declaraciones todavía más protestantes: *Institution of a Christian Man (Institución de un hombre cristiano)* (el "Libro de los Obispos," 1537); y después, por el reaccionario substituto de éstas: *A Necessary Doctrine and Erudition for any Christian Man (Una doctrina y erudición necesarias para cualquier hombre cristiano)* (el "Libro del Rey," 1543). Cada declaración representó un grado diferente de concesión y resistencia al luteranismo de la Confesión de

Augsburgo.[39] Cuando Enrique murió, en 1547, Cranmer, que hacía ya mucho tiempo estaba convencido de que en todas las cuestiones, aparte de la presencia eucarística, la posición luterana era tanto bíblica como patrística, se dio a la tarea de reconstruir totalmente la estructura externa de la Iglesia de Inglaterra en un molde reformado. Auxiliado por un equipo muy talentoso de teólogos, en rápida sucesión, compiló un tomo de sermones evangélicos estándar (las Homilías, 1547); un nuevo Libro de Oración y Ordinal (1549 y 1550, respectivamente; ambos revisados en 1552); un código de cánones (1552; publicado póstumamente por John Foxe, el martiriólogo, bajo el título *Reformatio Legum Ecclesiasticarum,* en 1571); y, por último, pero no por ello menos importante: Los Cuarenta y Cuatro Artículos de 1553.

Este conjunto de declaraciones controversiales y precavidas sobre ciertos asuntos muy discutidos fueron redactados en un tiempo de extrema confusión religiosa. La gran mayoría de los pastores ingleses eran bastante ignorantes, tal y como lo habían demostrado las visitas episcopales como las de Hooper; aquellos que fueron capaces de comprender las controversias de la Reforma estaban muy divididos; y mientras tanto, los caprichos anabaptistas (racionalistas, místicos, antinomianos) estaban, o se temía que estuvieran, inundando el país. El primer objetivo de Cranmer al compilar sus Artículos fue que estos debían establecer un mínimo necesario de orden doctrinal ante esta situación, que se lograría al fijar los límites de creencias permisibles para los pastores anglicanos. El salvaguardar la verdad doctrinal y el orden, al requerir que los pastores se subscribieran a una fórmula ortodoxa, era una práctica que se remontaba a la controversia arriana, y que había sido ya revivida en las iglesias de la Reforma continental europea. Cranmer, por su

---

[39] La aproximación más cercana de todas a la Confesión de Augsburgo, aparece en los Trece Artículos, redactados en consulta con la delegación luterana, en 1538, pero no fue publicada sino hasta el siglo XIX. Vea B.J.Kidd, The Thirty-nine Articles – (*Los Treinta y Nueve Artículos)*(London: Rivingtons, 5th edition, 1911), págs. 22s.

propia iniciativa, al parecer, había adoptado esta práctica con anterioridad, desde 1549, pues en ese año Hooper escribió a Bullinger:

> Él (Cranmer) tiene algunos artículos de religión, a los cuales a todos los predicadores y académicos en divinidad se les requiere que se subscriban; y, si no lo hacen, no se les otorga una licencia de enseñanza.[40]

En general, se ha pensado que aquellos artículos fueron un bosquejo anticipado de los Cuarenta y Dos. Como haya sido; el caso es que, cuando Cranmer envió los Cuarenta y Dos en su forma final al Consejo de Estado, el 24 de noviembre de 1552, él estimuló a los consejeros en su carta:

> ...a ser los medios de su majestad el Rey, para que todos los obispos tengan autoridad para hacer que todos sus predicadores, arcedianos, diáconos, prebendarios, curas, vicarios, coadjutores y todo su clero, se subscriban a los mencionados Artículos. Y entonces confío que tal concordancia y tranquilidad en religión prosiga muy pronto después de la subscripción, pues si no se hace, no podemos esperar esa concordancia y tranquilidad por muchos años. Pero confío en que Dios será glorificado y Su verdad avanzará."[41]

Los Cuarenta y Dos Artículos aparecieron impresos en junio del año siguiente, y el día 19 del mes se emitió una proclamación real requiriendo que se subscribieran a ellos todos los pastores, maestros

---

[40] *Original Letters (Cartas Originales)* (Parker Society, 1846). I.71; cf. pág. 76. Como Obispo de Gloucester, Hooper mismo, "sabiendo que mucho de su clero era extremadamente ignorantes, y además, hostiles a la Reforma... redactó un conjunto de cincuenta artículos, a los cuales les fue requerido subscribir." *Later Writings of Bishop Hooper (Los Últimos Escritos del Obispo Hooper)* (P.S., 1852), pág. xvii; texto de los artículos, págs. 120 -9). En Julio 6, 1552, escribió a Sir William Cecil: "Por el amor de Dios, haga que los Artículos que su majestad el Rey habló cuando tomó nuestros juramentos," ie, se supone, los Cuarenta y Dos próximos a publicarse: "que sean promovidos con su autoridad... yo voy a exigir que cada ministro los confiese abiertamente delante de sus feligreses..."(pág. xviii).
[41] Cranmer, *Miscellaneous Writings (Escritos Variados)* (P.S., 1846), págs. 440s.

de escuelas, y miembros de las universidades; sin embargo, el 6 de Julio, menos de tres semanas más tarde, el rey murió, y la ascensión al trono de María trajo consigo el abrupto fin de la nueva disposición. Pero en 1571, tanto el parlamento como la asamblea, hicieron obligatorio que los ministros se subscribieran a la versión revisada de los Artículos de Cranmer (los actuales Treinta y Nueve), y así ha seguido desde entonces.[42] El Canon 36 de 1604 aprobó la forma de subscripción que salió en los Tres Artículos de Whitgift, en 1584, donde en el momento de la ordenación y cada vez que entrara a una parroquia nueva, el ministro se tendría que subscribir "de buena gana y *ex animo*": (1) a la supremacía real en los asuntos eclesiásticos, (2) al Libro de Oración Común y el Ordinal, como no conteniendo "nada contrario a la palabra de Dios," y (3) a "todos y cada uno de los Artículos... siendo el número de éstos treinta y nueve, además de la ratificación" estando éstos "de acuerdo a la palabra de Dios." El Canon 5 del mismo código prohibió el disentimiento público de los Artículos:

> Cualquiera que de aquí en adelante afirme que alguno de los Treinta y Nueve Artículos... es en alguna forma supersticioso o erróneo o que de alguna forma no pueda subscribirse a él con buena conciencia; que el tal sea excomulgado *ipso facto* y no sea restaurado, sino solamente por el arzobispo, después de su arrepentimiento, y revocación pública de sus tan malvados errores.

---

[42] El Acta del Parlamento (13 Eliz.) exigió subscripción a "todos los Artículos de Religión, que únicamente se refieren a la confesión de la verdadera fe cristiana, y la doctrina de los sacramentos." El "únicamente" aparentemente es para mostrar que los laicos puritanos, que promovieron la ley en el parlamento, no quisieron que esto significara el obligar al clero puritano a subscribir los Artículos en relación a la disciplina doméstica de la Iglesia. También, se refirió el Acta a los Artículos publicados en 1563, es decir, sin el Artículo 29. Pero la asamblea de 1571 aprobó una provisión suplementaria requiriendo la subscripción a todos los Treinta y Nueve Artículos, y fue esta subscripción completa la que la Corte de la Comisión Alta comenzó inmediatamente a hacer cumplir, con el resultado de que alrededor de cien ministros puritanos se les suspendió por no subscribirse (a los Artículos) dentro de unos pocos meses.

De esta forma los Artículos llegaron a ser el estándar doctrinal autorizado de la Iglesia de Inglaterra: los términos de comunión para los laicos, a quienes les fue prohibido hablar en contra de ellos, y una confesión de fe por parte de los pastores, quienes estuvieron obligados a subscribirse a ellos. Como el Dr. Routley dijo correctamente: "los Artículos han sido diseñados para ser la Regla de Fe...de cada cristiano inglés."[43] Constitucionalmente, Thomas Rogers, su primer expositor, estaba en lo correcto al titular a la primera edición de su libro: *The English Creede (El Credo Inglés)* (1585),[44] y Burnet estaba en lo correcto cuando en el prefacio de su propia exposición de los Artículos (1699) los describió como "la suma de nuestra doctrina, y la confesión de nuestra fe."[45] De la misma forma, la Declaración Real de 1628, que aún está adjuntada a los Artículos del Libro de Oración, en concordancia con el Acta de Uniformidad de 1662, afirma que "los Artículos de la Iglesia de Inglaterra....contienen la verdadera Doctrina de la Iglesia de Inglaterra, de acuerdo a la Palabra de Dios." A la pregunta: ¿qué versión de cristianismo sostiene la Iglesia de Inglaterra? y más particularmente, ¿dónde está ella en referencia a los puntos discutidos en la Reforma?, los Treinta y Nueve Artículos aún suplen la única respuesta legalmente válida, ya que fueron compilados para ser el credo denominacional de la *ecclesia anglicana,* y como tal, oficialmente, aún permanecen.

3.2. *El desarrollo de diferentes tradiciones de interpretación.*

Los Treinta y Nueve Artículos han sido algunas veces acusados de ser

---

[43] Erik Routley, *Creeds and Confessions (Credos y Confesiones)* (London: Duckworth, 1962), pág. 112.
[44] Una traducción del título completo es: *El Credo Inglés; consintiendo con la Verdadera, Antigua Iglesia Católica y Apostólica en todos los puntos y artículos de Religión que cada Cristiano debe conocer y creer para ser salvo* (Dos partes: 1585, 1587).
[45] Gilbert Burnet, *An Exposition of the Thirty-nine Articles of the Church of England (Una Exposición de los Treinta y Nueve Artículos de la Iglesia de Inglaterra),* ed. James R. Page (1839), pág. vii.

ambiguos y evasivos, pero los cargos están equivocados y no son verdad. No son en los más mínimo ambiguos en las respuestas que dan a las cuestiones teológicas centrales del conflicto con Roma, al hablar del sentido en el cual la Escritura es la regla de fe (Artículos 6, 8, 19, 20, 21); del estado y la necesidad del hombre caído (9, 10, 13); de la naturaleza, el fundamento y el medio de la justificación (11, con la Homilía referida a: "De la Salvación de la Humanidad"); del significado de la gracia (17); de la seguridad de la fe (17); de la identificación de las verdaderas iglesias y los pastores (19, 23, 36); de la naturaleza, el número, y la operación de los sacramentos (25 – 30); de la demanda de la supremacía Papal (37); y de la conveniencia de que la iglesia nacional ordene su propia casa bajo la dirección del regidor civil (34, 37). Tampoco son equívocos los Artículos en sus censuras sobre las creencias y prácticas que habían controlado la piedad popular medieval: la doctrina del purgatorio (22), las indulgencias (22), adoración de imágenes y reliquias (22), invocación de los santos (22), obras de supererogación (14), la inmaculada concepción (15), la adoración en un lenguaje foráneo incomprensible (24), la transubstanciación (28), comunión con una sola especie (30), el sacrificio de la misa (31), y la creencia de que "los otros cinco comúnmente llamados sacramentos" eran ritos de misma naturaleza que el bautismo y la cena del Señor (25). Tampoco son los Artículos de ninguna manera imprecisos en sus argumentos contra las excentricidades anabaptistas: anti Trinitarismo (1, 5); arrianismo y docetismo (2,3,4); la doctrina de la "palabra interior" (6); el nuevo marcionismo, que niega la unidad de los dos Testamentos (7); antinomianismo (7); pelagianismo (9-12); perfeccionismo (15); novacianismo (16); fatalismo (17); la creencia de que la sinceridad en cualquier forma de religión salvará sin la fe en Cristo (18); el caso omiso de la iglesia visible y su autoridad en materias de fe y orden (19, 20, 23, 33, 34); el menosprecio de los sacramentos como medios de gracia (25, 27, 28); donatismo (26); antipedobautismo (27);

negación de la autoridad de los regidores civiles sobre los cristianos (37), especialmente relacionado con el servicio militar (37) y la toma de juramentos (39); y la negación comunística de los derechos de propiedad entre los Cristianos (38).[46]

Como lo declara su título, los Artículos fueron escritos "para evitar la diversidad de opiniones, y para establecer el consentimiento respecto a la verdadera religión,"[47] un propósito que una ambigüedad deliberada habría derrotado; debido a que la ambigüedad permite la diversidad de opiniones, no es un mecanismo para evitarlas. De hecho, en relación a las disputas que ellos debían de resolver, son, como dice Routley, "singularmente precisos."[48] Además, sus determinaciones sobre estas disputas son tales que las alinean en cada punto con el resto de las confesiones de la cristiandad reformada (calvinista). Al exponer los Artículos, Thomas Rogers demostró en cada punto su concordia substancial con sus contrapartes continentales, y cuando, en 1581, *Una Armonía de las Confesiones de Fe de las Iglesias Ortodoxas y Reformadas* fue publicada en Ginebra, los Treinta y Nueve Artículos tuvieron un lugar en ella.

No es verdad, entonces, que los Artículos son ambiguos. Pero lo que sí es cierto es que a propósito son mínimos en sus requerimientos, y concienzudamente dejan abiertas preguntas secundarias. Tal como Pearson escribió en 1660:

---

[46] Para informarse de las posturas anabaptistas que los Artículos controvirtieron, cf la carta de Hooper a Bullinger el 25 de junio, 1549, y aquella de Micronio a Bullinger el 14 de agosto de 1551 *Original Letters (Cartas Originales),[P.S., 1851] I. 6s., II. 574)*. Cf G.H.Williams, *The Radical Reformation* (La Reforma Radical) (London: Weidenfield and Nicolson, 1962), págs.778ss.
[47] Esto siguió el título de los Cuarenta y Dos, que los declaró haber sido acordados para "evitar la controversia de opiniones, y para establecer de un acuerdo devoto en ciertos asuntos de religión."
[48] Routley, *Creeds and Confessions (Credos y Confesiones)* pág. 99. La mejor fuente de información sobre las intenciones teológicas de cada Artículo es aún la sección de "Notas e ilustraciones, agregados al *History of the Articles (Historia de los Artículos)*, de Hardwick (2nd edition, 1859), que todo expositor posterior ha seguido.

El libro [de los Artículos]... no es, ni pretende ser, un cuerpo completo de divinidad... sino una enumeración de algunas verdades, que durante y desde la Reforma han sido negadas por algunas personas; quienes, frente a la negación se les considera no aptos de ninguna forma para curar almas de esta Iglesia y reino..."[49]

Ellos declaran lo que se pensó que era lo más necesario ante la situación de la mitad del siglo diez y seis para asegurar la fe católica y ordenar la vida en la Iglesia de Inglaterra reformada; pero no pretenden ir más allá de ese punto. Esta es la verdad que brota de la observación de Burnet, citada con frecuencia, y comúnmente mal entendida: que los Artículos son en ciertos puntos "concebidos con exceso de palabras muy generalizadas," de las cuales "el sentido literal y gramatical" en que están redactadas, admite más de una explicación.[50] Lo cual sólo significa que en ciertos puntos los Artículos se niegan decidir a favor de cualquiera de las posibles alternativas. Aunque contienen conceptos muy certeros en contra de los intolerables errores de Roma y de los anabaptistas,[51] y muy completos

---

[49] J. Pearson, *Minor Theological Works – (Obras Teológicas Menores)* – ed. W. Churton (1844), II. 215.

[50] Gilbert Burnet, *Exposition p.11.* Burnet da como un ejemplo el Artículo 3, sobre el descenso de Cristo al infierno, donde la supresión en 1563 de una alusión a 1 Pedro 3:18 dejó abiertas tres posibles interpretaciones.

[51] En 1563, cuatro de los Cuarenta y Dos Artículos que fueron claramente concebidos en contra de las posturas anabaptistas (10, 39, 41, 42), en contra del fatalismo, la negación de la resurrección del cuerpo, milenialismo y universalismo, respectivamente) fueron eliminados; presumiblemente porque (i) los puntos en discusión estaban ya salvaguardados en otras partes (sobre el fatalismo, cf el presente Artículo 17; sobre la negación de la resurrección, que los credos afirman, cf 17, 18; sobre la vida licenciosa y la anarquía, que las esperanzas milenialies dieron surgimiento, cf 7, 37); (ii) la influencia anabaptista había menguado tanto que estas censuras ya no se necesitaban. Pero al mismo tiempo el anti romanismo de este código se notaba aún más pronunciado, las adiciones y alteraciones eran en muchos casos un ataque directo a las decisiones hechas por el Concilio de Trento (1545 – 1563): ej. La negación del estátus canónico de los libros Apócrifos (6); adiciones en contra de la transubstanciación (una frase en el 28 y el 29); repudio a la doctrina de los siete sacramentos (25), y de la comunión con sólo una de las especies (30); fortalecimiento de las declaraciones sobre el matrimonio de los pastores, cultos en la

y exactos en todos los aspectos centrales del evangelio, los Artículos no son más estrictos o más exclusivos de lo que tienen que ser, y sus definiciones fueron siempre hechas lo más amplias y completas posibles, para que pudieran dar una seguridad teológica.

Como una declaración de fe, entonces, los Artículos son concienzudamente mínimos. Además, son conscientemente eclécticos. Presentan la fe trinitaria de los credos ecuménicos (1–5) como bíblica y necesaria para la salvación (6-8), junto con la doctrina del pecado de Agustín (9-10); la doctrina luterana de la justificación, la gracia y la iglesia (11-21, 23, 34,37), como está definida en la Confesión de Augsburgo de 1530 y la Confesión de Wurtemberg de 1552 (usada en la revisión de 1563); y la enseñanza sacramental del tipo suizo (25-29), aun antiluterano en un punto (29). Si es que tienen la marca de una sola mente, ésa es la de Cranmer (Parker, el gran arquitecto de la revisión de 1563 era un discípulo devoto de Cranmer), y Cranmer era un teólogo ecléctico cuyo punto fuerte no era la innovación, sino la discriminación. Además, durante el siglo y medio que hubo entre la formulación de los Artículos y la exposición que Burnet hizo de los mismos, el péndulo de la opinión teológica anglicana estuvo en oscilación todo el tiempo; desde la perspectiva luterana modificada de Cranmer y sus colegas, se fue hasta la posición más claramente escolástica calvinista de Jewel, Whitgift, Perkins y Whitaker; luego volvió a oscilar, por una parte como una reacción a las opiniones teológicas de ellos, y por otra parte por la influencia patrística y filosófica griega, hasta llegar al arminianismo "eclesiástico" de los carolinos y al arminianismo moralista de los latitudinarios, personas tales como Chillingworth, los platonistas de Cambridge y el mismo Burnet. Por lo cual, no es de sorprender que surgieran diferentes tradiciones interpretativas, que muchos teólogos

---

lengua vernácula, y sobre la misa (32, 24, 31); y la substitución de la "doctrina romanista" por la "doctrina de la escuela de autores" en el 22, para demostrar que era la enseñanza tridentina la que estaba siendo condenada. Para un resumen de los cambios hechas en la revisión de 1563, vea Edgar C.C. Gibson, *The Thirty-nine Articles,(Los Treinta y Nueve Artículos)*, (Londres: Methuen, 1898), págs. 32ss.

expusieran los Artículos desde distintos puntos de vista y según sus respectivas evaluaciones de la importancia de la Reforma.

En general estas exposiciones han sido de tres tipos, que podemos llamar "reformada," "latitudinaria" y "católica." Los autores mencionados en el primer grupo, que siempre consideran correctas las preguntas y las respuestas de la teología reformada (cuyo pensamiento es: la teología reformada está basada en la Biblia y los teólogos de toda época deberían abrazarla), toman los Artículos como un documento kerygmático de importancia duradera. Los autores del segundo grupo, que ven a la Reforma mayormente como una liberación de la superstición medieval, valoran a los Artículos sobre todo como una protesta clásica en contra de tal superstición en nombre de la historia y del sentido común.

A los autores del tercer grupo, quienes ven en los cinco primeros siglos del cristianismo los estándares 'católicos' de fe y vida, generalmente no les importa mucho los énfasis positivos de la Reforma, más bien la ven como una reacción necesaria en contra de los brotes no católicos, y consideran que los Artículos han influido realmente, aunque de manera incompleta, e incluso a veces involuntaria, en la restauración del catolicismo primitivo.

Los principales expositores del primer tipo fueron Thomas Rogers, *The English Creede* (El Credo Inglés) (la edición revisada de 1607, con un nuevo título *The Catholic Doctrine Believed and Professed in the Church of England* (La Doctrina Católica Profesada y Confesada in la Iglesia de Inglaterra), fue impresa por la Parker Society en 1854); T.P. Boultbee, *A Commentary on the Thirty-nine Articles forming an Introduction to the Theology of the Church of England* (Un Comentario sobre los Treinta y Nueve Artículos e Introducción a la Teología de la Iglesia de Inglaterra) (5ª edición, 1880); y W.H. Griffith Thomas, *The Principles of Theology* (Los Principios de la Teología) (1930). (Ver también E.A. Litton, *Introduction to Dogmatic Theology* (Introducción a la Teología Dogmática) (1882 -1892), y H.C.G. Moule, *Outlines of Christian Doctrine* (Bosquejos de Doctrina Cristiana) (1889).

La principal obra del segundo tipo fue, y aún es, la *Exposition (Exposición)* de Burnet (1699), que se mantuvo como una obra estándar por un siglo y medio (reeditada con notas adicionales para estudiantes por James R. Page en 1839).

Las obras del tercer grupo varían de acuerdo a cuánto se inclinan los escritores hacia el dogma tridentino, por un lado, o hacia la "racionalidad" latitudinaria, por el otro. La mayor corriente de exposición "católica," en cierta forma sacramentalista, pero de ninguna manera sacerdotalista, y fuertemente anti-tridentina tanto como anti-calvinista, se podría rastrear a través de los comentarios sobre los Artículos del obispo William Beveridge (1710), del obispo Harold Browne (1850), y del obispo E.C.S. Gibson (1897). La *Explanation of the Thirty-nine Articles –(Explicación de los Treinta y Nueve Artículos)* (1867-68) del obispo A.P. Forbes sigue la línea tridentina del Tratado 90 de Newman (1841); y el intento anterior de reconciliar los Artículos Anglicanos con el Concilio de Trento, por Franciscus á Sancta Clara (Christopher Davenport), *Paraphrastica Expositio Articulorum Confessionis Anglicanae* (1646: traducido - al inglés – por F.G. Lee, 1865); y la proposición "católico liberal" de E.J. Bicknell *Theological Introduction to the Thirty-nine Articles (Introducción Teológica a los Treinta y Nueve Artículos)* (1919; revisada por H.J. Carpenter, 1955), que se parece mucho a la obra de Burnet.

En general, las mayores diferencias entre las tres escuelas de pensamiento, por lo menos durante las discusiones del siglo pasado, han sido las siguientes:

(i) La primera y la segunda, contra la tercera, niegan que la Iglesia de Inglaterra necesite de algo más que lo que los Artículos especifican, para vindicar su carácter católico y apostólico (por ejemplo: no se necesita ninguna doctrina más alta sobre el ministerio).

(ii) La segunda y la tercera, contra la primera, exponen la justificación por la fe de forma legalista, en vez de cristológicamente, tratando la fe de alguna forma como una obra meritoria.

(iii) La tercera sostiene, contra la primera y la segunda, que cuando eliminaron, en 1563, los ataques contenidos en los Artículos 26 y 29 (de los Cuarenta y Dos) contra la posición *ex opere operato* sobre la eficacia de los sacramentos, y de la presencia real, implicaba una aceptación positiva de estos puntos de vista. Además, el actual Artículo 31 no está dirigido en contra de la enseñanza tridentina de la misa.

(iv) La primera sostiene, contra la segunda y la tercera, que el Artículo 17 enseña la libertad y soberanía absolutas de la gracia divina en la salvación, y que el Artículo 19 implica que la distinción invisible/visible de la teología reformada es básica para una sana doctrina de la iglesia.

(v) La segunda sostiene, contra la primera y la tercera, que de todas formas no es necesario que los conceptos y convicciones teológicos de la teología bíblica, patrística y reformada, sean normativos en cada punto para nosotros hoy.

Y estas diferencias continuarán; por lo menos mientras que, tanto Bicknell como Griffith Thomas, sigan siendo leídos en los seminarios teológicos y casas pastorales. Y, mientras tanto, a ninguna de estas tres escuelas de pensamiento puede fácilmente serle negado su derecho a existir en la Iglesia de Inglaterra reformada, sean como sean nuestras convicciones con respecto a los temas que las dividen. No es de sorprendernos que, a la luz de este debate entre los tres partidos, que está constantemente cambiando, algunos hoy concluyen que la vocación teológica anglicana es "dialéctica" en vez de "confesional"; y que no es de la naturaleza del anglicanismo el tener una teología distintiva propia; mientras que otros sostienen que estas tres tradiciones se desarrollarán hasta llegar a una síntesis final, pero que por el momento ninguna de ellas es más válida que otra, sólo lo parecen de manera relativa y provisionalmente. Aunque alguna de estas líneas de pensamiento fuera la correcta, parece lógico que las iglesias anglicanas en la actualidad están llamadas a ser latitudinarias en la práctica, y doctrinalmente poco exigentes, como su principio teológico; deberían mantenerse abiertas, en la forma en que sea, para los varios combatientes. No deberían hacer nada por obstaculizar a nadie su libertad de experimentar teológicamente. Ya hemos visto esta idea anteriormente, y hemos visto las razones para rechazarla. Si la aceptamos, la desunión anglicana en materias de fe dejaría de provocar problemas; y podríamos verla como unidad en desarrollo; tal y como algunos ven la maldad y el pecado, como bondad en desarrollo. Pero si la rechazamos, tenemos que enfrentar el hecho de que nuestra desunión es un escándalo, en todo el sentido bíblico de esta palabra, es decir, una piedra de tropiezo que amenaza con llegar a ser un desastre espiritual; y uno tal, que sólo una renovación del tipo de fe a la cual los Artículos buscan guiarnos, eliminaría.

Hay otro punto que debemos mencionar aquí. Es clarísimo que los Artículos, con más de cuatro siglos de antigüedad, deben ser interpretados históricamente; deben ser "contextualizados," para usar la palabra más de moda; y es claro también que su significado debe ser interpretado de acuerdo a lo que quisieron decir cuando fueron escritos. No obstante, a veces, en medio del calor de la hostilidad hacia los Artículos, este punto queda en el olvido; y, sucede que, cuando los críticos no los están atacando los Artículos porque no se han metido en los actuales debates, de cualquier manera los atacan por hablar de ellos de una forma inaceptable (cara yo gano, cruz, tú pierdes). Por ejemplo, un cristiano judío atacó el Artículo 13 ("Las obras hechas antes de la gracia de Cristo...como no proceden de la fe en Jesucristo, no son agradables a Dios, ...tengan naturaleza de pecado"), y también el Artículo 18 ("Deben... ser anatematizados aquellos que presumen decir, que todo hombre será salvo por la ley o secta que profesa"), ya que él vio estas declaraciones como un menosprecio a su padre no cristiano, quien a su vez era un admirador y seguidor de la enseñanza de Jesús en cuanto a amar a Dios y al prójimo. Pero estos Artículos hacen eco de Filipenses 3:4-11 y Hechos 4:12 respectivamente, y sus frases aluden a los debates de la Reforma en cuanto a las buenas obras y a la necesidad universal de Cristo; y censurarlos por no decir lo que él diría al hablar de su padre, es absurdo. *Subscripción y Asentimiento* hizo bien al subrayar la necesidad de la interpretación histórica, y cabe citar aquí las frases relevantes de la sección II del reporte:[52]

> Los Artículos deben ser leídos a la luz de la situación de la cual surgieron, y para la cual ellos aludían, y... sus palabras deben ser tomadas en el contexto y en el sentido que tuvieron al momento de ser escritos, y sus declaraciones interpretadas a la luz de las opiniones, suposiciones e intenciones conocidas por sus autores. La exactitud con la cual se hizo esto, y la conciencia de la complejidad de los asuntos involucrados, han, por supuesto, variado bastante a través de los siglos. En el siglo XVIII, por ejemplo, Daniel Waterland recurrió a este principio de forma explícita en *The Case of Arian Subscription (El Caso de la Subscripción Arriana)* (1721), en el cual argumentó, en contra del derecho de los arrianos y los deístas dar un asentimiento mínimo a los Artículos, y condenó la opinión de que "ellos (los hombres) pueden sujetarse concienzudamente a estos Artículos, de cualquier forma en que puedan a través de su propia interpretación reconciliarlos con la Escritura, aunque no consideren el significado e intención de las personas que primero los compilaron o que ahora los han impuesto." El siglo XIX vio la controversia más famosa de todas en relación a la cuestión de la subscripción, la del Tratado 90, en lo cual sería incorrecto decir que Newman había abandonado el principio histórico por completo. Una declaración más precisa sería que él estaba aplicando el mismo principio para responder a una nueva pregunta, la cual era: cuánto terreno en común han retenido los Artículos con el catolicismo romano, en vez de hacer la pregunta más acostumbrada, es decir, qué tanto se había disociado la Iglesia de Inglaterra de él. Debido a las limitaciones de la erudición de su tiempo con respecto a los asuntos y a la terminología del debate de la Reforma, él pensó que los Artículos eran más ambiguos de lo que realmente eran, y falló en darse cuenta de que el "sentido real y católico" que él leía en ellos, era en muchos puntos contradictorios con el sentido que un intérprete históricamente mejor informado hubiera leído en ellos...

---

[52] *Subscripción y Asentimiento*, págs. 13-14.

Hay gran sabiduría en lo que acabamos de leer. Nadie se queja de que "siendo de la misma substancia con el Padre" (el *homoousion* del Credo Niceno) sea una frase torpe u oscura, o una que debiéramos ahora dejar de usar debido a que para la mayoría de las personas en la cultura moderna la palabra "substancia" no tiene significado metafísico sino solamente químico. Sabemos cómo contextualizar el *homoousion* en términos del debate del siglo cuarto, y lo hacemos de forma rutinaria, y a cualquiera que se queje de que el credo no tiene ningún sentido aquí se le hace a un lado y se le explica lo que significa, dando como referencia lo que significó originalmente. Pero si no es un defecto del Credo Niceno el que necesite ser contextualizado en los términos del siglo cuarto, no es justo ver como un defecto de los Artículos el hecho de que necesiten ser contextualizados en los términos del siglo XVI. Cualquier interpretación y aplicación de los Artículos sin una referencia a la situación del siglo XVI sería dudosa.

3.3. La devaluación de la subscripción de los pastores

Hace poco más de un siglo, Hardwick definió el significado de la subscripción a los Artículos de la siguiente manera:[53]

> La subscripción a los Artículos ha sido exigida con la esperanza de asegurar una uniformidad de la doctrina de aquellos miembros de la Iglesia que a propósito asumen el oficio de maestros públicos. Así que, involucra tomar los Artículos como los intérpretes de sus opiniones individuales, por lo menos en cuanto a lo que esas opiniones dicen en relación con temas que han sido determinados por la autoridad en ese código de doctrina; y, mientras que compromete a cada clérigo a una fe positiva y completa, la subscripción es el acto mediante el cual él también renuncia formalmente a los errores y corrupciones que en ellos han sido repudiados o proscritos. Esto no infiere que cada definición

---

[53] Charles *Hardwick, History of the Articles (Historia de los Artículos) (tercera edición*, ed. Por F. Procter), págs. 219s.

individual en los Artículos sea capaz del mismo tipo de prueba, o que todos ellos sean igualmente necesarios para la salvación....pero aun con respecto a declaraciones menores, algunas de las cuales pudieran ser consideradas como nada más que opiniones probables, y otras sólo como asuntos de historia y moral, cada candidato a las órdenes sagradas certifica su disposición a conformar su enseñanza futura al estándar público, y a rendir un asentimiento firme a la conveniencia de todo ese código.

Sin embargo, desde que Hardwick escribió, ha llegado a ser común una visión más relajada e inferior del significado de la subscripción. Hay por lo menos tres razones para esto.

3.3.1. Primero, se ha cambiado la forma de la subscripción

El Canon 36 de 1604, como vimos antes, requería la subscripción *ex animo* a los Artículos (junto con la Supremacía Real y el Libro de Oración) "y a todas las cosas contenidas en ellos," como "de acuerdo a la Palabra de Dios." Este requerimiento permaneció cuando la Iglesia fue restaurada en 1662. Burnet pensaba que la subscripción clerical era "una gran imposición," y quiso eliminarla por completo;[54] lo mismo quisieron muchos pastores arrianos y socinianos en el siglo XVIII, en compañía de algunos latitudinarios más respetables, como Paley, quien apoyó el abortivo "Peticiones de la Taberna Feathers" con este motivo; aun cuando ni en ese tiempo, ni desde entonces, fue apoyado, pues era sólo una minoría la que quiso abolir la subscripción. Pero en 1865, tal como fue recomendado unánimemente por una Royal Commission (en la cual el orador evangélico fue Henry Venn de la *Church Missionary Society* (Sociedad Misionera de la Iglesia), la forma de subscripción fue cambiada de un "Yo... voluntariamente y con todo mi corazón me subscribo a los Treinta y Nueve Artículos... y a todas las cosas en ellos contenidas," a una forma de asentimiento compuesta por los

---

[54] Gilbert Burnet, *History of his Own Times (Historia de sus propios tiempos)* (1734), II. 634; cf *Exposition (Exposición), pág. 7. Burnet fue un instrumento para ayudar a que la subscripción de los pastores se aboliera en Ginebra: Historia... II, 692s.*

Artículos, el Libro de Oración y el Ordinal juntos- "Yo creo que la doctrina de la Iglesia de Inglaterra como está en ellos contenida (en los tres) está de acuerdo con la Palabra de Dios..."

Es evidente y cierto que la substitución de una fórmula de asentimiento inclusiva por una más particular, tenía la intención de exigir una subscripción menos estricta. Aun así, como *Subscripción y Asentimiento* ha señalado:[55]

> Contrario a lo que a veces se supone, el cambio en la forma de la subscripción, en 1865, no implicó en ninguna manera que de allí en adelante un asentimiento "general," en el sentido de un asentimiento incompleto, a los Artículos, fuera legalmente adecuado; pues según la ley, el asentimiento debe ser considerado como una "completa aceptación legal"; sin embargo, esto ha sido interpretado de varias formas. Una, la que exige menos, vinculada con los nombres de Laud, Bramhall y Ussher, mantuvo que los Artículos eran sólo "Artículos de paz" y que una completa aceptación legal sólo implica comprometerse a no contradecirlos en público. En el otro extremo, han estado aquellos que creen que una completa aceptación legal de los Artículos implica un compromiso interno con cada una de sus proposiciones... El Acta de 1865 retuvo la palabra "asentir," y es eso, más que cualquiera de las intenciones expresadas por los individuos en los debates, lo que le da fuerza legal. Entonces, según la ley, la situación permaneció esencialmente igual.

Desde entonces, la forma de subscripción se ha cambiado más de una vez. El nuevo Canon C 15, "De la Declaración de Asentimiento," abre de la siguiente manera:

> 1(I) La Declaración de Asentimiento que se haga bajo este Canon debe ser de la forma mostrada a continuación:
>
> PREFACIO
>
> La Iglesia de Inglaterra es parte de la Iglesia que es Una, Santa, Católica y Apostólica, que adora al único Dios verdadero, Padre,

---

[55] *Subscripción y Asentimiento sección 8, pág.* 12.

Hijo y Espíritu Santo. Y profesa únicamente la fe revelada en las Santas Escrituras y expuesta en los credos católicos, fe a la cual la Iglesia ha sido llamada a proclamar de nuevo en cada generación. Guiada por el Espíritu Santo, ha dado testimonio de la verdad cristiana en sus formularios históricos, los Treinta y Nueve Artículos de Religión, el Libro de Oración Común y la Ordenación de Obispos, Presbíteros y Diáconos. En la Declaración que estás a punto de hacer, ¿prometes tu lealtad a esta herencia de fe como tu inspiración y guía bajo la autoridad de Dios, al anunciar la verdad y la gracia de Cristo a esta generación, y al darle a conocer a aquellos que estén a tu cuidado?

DECLARACIÓN DE ASENTIMIENTO

Yo, FULANO, afirmo y por consiguiente declaro que creo en la fe que ha sido revelada en las Santas Escrituras y expuesta en los credos católicos, de los cuales los formularios históricos de la Iglesia de Inglaterra dan testimonio; y que en el culto público y en la administración de los sacramentos usaré sólo las formas de servicio autorizadas o permitidas por los Cánones.

Naturalmente, y debido a que esta formulación de palabras está hecha para tener autoridad tanto moral como legal para todos los grupos de anglicanos (lo que excluye toda idea de presionar a un grupo debido a los intereses de otro), no están escritas como las habrían escrito los evangélicos protestantes si estuvieran legislando para evangélicos protestantes (prosigue, de hecho, a una sugerencia hecha en *Subscripción y Asentimiento*). Sin embargo, lo que dice es específico, y expresa en forma clara los siguientes puntos, en los cuales los evangélicos han tenido, históricamente, especial interés:

(i)   El lugar de la Sagrada Escritura como fuente principal y estándar de fe para la Iglesia de Dios.

El suscriptor profesa "que cree en la fe que ha sido *revelada en las Santas Escrituras,"* o sea, en la fe de la Iglesia Universal que es " únicamente la fe revelada en las Santas Escrituras." La declaración establecida en el Prefacio expresa que la Escritura, como fuente de conocimiento de la fe, es única en sí misma. Y, debido a que el suscriptor reconoce a "los formularios históricos de la Iglesia de

Inglaterra" como aquellos que dan testimonio de dicha fe, se entiende que él está asintiendo al principio de la suficiencia de la Escritura como nuestra última fuente y modelo supremo de creencias, ya que este principio está declarado claramente y en detalle en los Artículos 6 - 8, 20, 21.

(ii)   El lugar de los Artículos como un estándar de fe secundario para los anglicanos.

Los Artículos, junto con el Libro de Oración Común de 1662 y con el Ordinal, son descritos en el Prefacio como el "testimonio de la verdad cristiana" que la Iglesia de Inglaterra, "guiada por el Espíritu Santo," ha sido llamada a publicar. El hecho de vincular los tres formularios es un recordatorio de que la autoridad está ligada a la expresión de la fe en su adoración y ministerio, así como a la confesión de la misma en sus declaraciones credales; (aunque, de los tres formularios sólo los Artículos tienen como propósito el definir creencias, y por lo tanto sólo a ellos se puede apelar para tales definiciones). La aceptación de esta opinión; que los formularios son el testimonio de la verdad de Dios, de que la Iglesia de Inglaterra es guiada por el Espíritu, les da, por un lado, un reconocido estatus positivo de guías; y, por el otro lado, una voz negativa de evaluación. El punto hasta el que han llegado algunos teólogos anglicanos, de ir, intencionadamente o no, en contra de los términos o propósitos de los formularios, implica que se debe considerar que han fallado en avanzar en el testimonio anglicano de la verdad cristiana, y que, por lo tanto, su trabajo sólo tiene la fuerza de un cuento de escarmiento en la "herencia de fe" anglicana.

(iii)   La autoridad de los Artículos para dar dirección en el ministerio de la Iglesia de Inglaterra.

El subscriptor promete "lealtad" a la "herencia de fe" anglicana, como está definida en el Prefacio, y la acepta como su propia "inspiración y guía bajo la autoridad de Dios" para dar a conocer "la verdad y la gracia de Cristo" a aquellos a quienes ministra. "Inspiración," en este contexto, es una palabra de mucho peso, que significa el medio de entendimiento, perspicacia y visión. "Guía" indica un reconocimiento de la autoridad real de los Artículos, y su buena disposición para ir hacia donde ellos dirigen. "Bajo la autoridad de Dios" implica que, aunque la autoridad de estas formulaciones humanas no puede ser final, no existe otra fuente a la cual apelar, más que a la Palabra de Dios escrita, la revelación misma que nos ha sido dada. Las siguientes palabras: "al anunciar la verdad y la gracia de Cristo a esta generación, y al darle a conocer a aquellos que estén a tu cuidado," nos dan la libertad de enfrentarnos a las preguntas que puedan surgir en este tiempo, mencionando puntos de debate que los Artículos no hayan contemplado y de desarrollar nuestro propio pensamiento más allá del punto donde los formularios terminan. Pero estas palabras no dan ninguna libertad para hacer caso omiso, denigrar o contradecir lo que los Artículos de hecho dicen. La profesión de "lealtad a esta herencia de fe" debe implicar, más bien, que uno acepta la teología de los formularios como el punto de partida personal, con la intención que esto se haga manifiesto en su propio ministerio.

Así es la situación actual con respecto a la forma del asentimiento. Ahora vamos a analizar otros aspectos de la historia de la subscripción, aspectos que son bastante menos alentadores que presentan algunos problemas de mal agüero.

3.3.2. Segundo, una excesiva libertad de interpretación ha sido afirmada por los subscriptores

Al argumentar que sólo una interpretación estrictamente histórica era legítima, de acuerdo con el testimonio de las palabras de sus compiladores, Hardwick en seguido declaró:[56]

> El método para interpretar un Artículo en particular fue motivo de discusión desde el momento en que los Artículos aparecieron; una posición era que la gente se podía suscribir con una reserva mental: "siempre y cuando, bajo mi criterio, estén de acuerdo con la Santa

---

[56] Hardwick, *History of the Articles* pág. 220s.

Escritura" (haciendo referencia a los puritanos recalcitrantes de la época de Isabel I); y había otra posición que cuestionaba la obligación absoluta de la prueba, o trataba de evadir la prueba donde pareciera que en el Artículo se variaba el lenguaje de alguna antigua escuela o sistema teológico (aparentemente era un golpe en contra de una subscripción al estilo del Tratado 90 de Newman). No obstante, aunque estemos renuentes a estigmatizar a los subscriptores de este tipo como gente totalmente desleal a la Iglesia... tal ejercicio de "juicio privado" es con seguridad incompatible con la unidad, y adverso a la salud de todas las asociaciones religiosas.

Sin embargo, durante el siglo pasado, el haberse habituado a mantener una reserva mental y a tomar los Artículos en sentidos privados no-naturales, vino a ser prácticamente la norma en algunos sectores, y la verdad melancólica de la observación final de Hardwick ha sido demostrada vez tras vez.

3.3.3. Tercero, el significado del acto de la subscripción ha sido minimizado.

Desde épocas tempranas como el siglo XVII, Bramhall y otros insistían en que los Artículos no eran estrictamente una confesión, sino que eran más bien "artículos de paz," los cuales los Anglicanos, tanto pastores como laicos, no estaban obligados a creer, sólo debían refrenarse de contradecirlos abiertamente (Burnet, como algo a su favor, rechazó este punto de vista). La idea de que el acto de subscripción no necesita en sí mismo implicar un asentimiento completo, ha vuelto en años recientes, y ha sido demasiado usada. Los obispos, muy ansiosos de no atar cargas en conciencias sensibles, han debilitado la declaración de asentimiento de los seminaristas al exponérselas en términos de negaciones. El difunto Arzobispo Garbett escribió:

> En mi caso, yo les explico a los seminaristas que su subscripción es una expresión de lealtad a la fe de la Iglesia, y que ningún hombre

podría honestamente subscribirse a ellos si no creyera en lo sobrenatural, o si sostuviera que tanto los romanos o los puritanos estaban en lo correcto en sus controversias con nuestra Iglesia.[57]

El difunto obispo Rawlinson escribió:

En la práctica, ahora se entiende que el asentimiento a los Artículos sólo compromete al clero a una teología anglicana general, que no es católica romana por un lado ni exclusivamente "protestante" por el otro.[58]

Lo que el Dr. Garbett quiso decir por "la fe de la Iglesia" y el Dr. Rawlinson por "una teología anglicana general" sólo se puede suponer, pero obviamente lo que ellos tenían en mente era algo menos que creer en todos los Artículos y avanzar desde ahí. Parece que sus declaraciones son una respuesta a la pregunta: ¿Cuán poco asentimiento a los Artículos es necesario para que un hombre se pueda subscribir a ellos? Tal vez ésta era la única pregunta acerca de la subscripción que a ellos les preguntaban; y, ciertamente, ésta es la única pregunta acerca de la subscripción que los anglicanos generalmente se han hecho por los últimos cien años. Pero la pregunta correcta a preguntar es: ¿*cuánto* debería significar el acto de subscripción? ¿No es tiempo que los anglicanos enfrenten esta pregunta de nuevo?

Sin duda sería bastante torpe ponerse idealistas en este momento, puesto que ningún cambio en la forma de la subscripción restaurará el significado real del acto de la subscripción, mientras las personas sigan preguntando cuál es el menor significado que tiene el acto de subscribirse y cuánto es la mínima obligación necesaria para cumplir con esta subscripción a los Artículos, entonces, de la perspectiva humana, es muy poco probable que las actitudes básicas de los subscriptores vayan a cambiar rápidamente. Cuando una

---

[57] C. Garbett, *The Claims of the Church of England (Las Afirmaciones de la Iglesia de Inglaterra)* (London: Hodder and Stoughton, 1947), pág.35.
[58] A.E.J.Rawlinson, *The Anglican Communion in Christendom (La Comunidad Anglicana en la Cristiandad)* (London: SPCK, 1960), pág.7.

moneda ha sido devaluada ha sido muy difícil volverla a reevaluar (¡piense en la libra británica en los últimos treinta años!), y ahora que la subscripción ha sido devaluada por más de un siglo, el restablecer en las mentes anglicanas cuánto debiera significar, y de esa forma re-sensibilizar las conciencias al respecto, será una tarea larga y ardua. Siempre es más fácil destruir algo que volver a edificarlo, y es más fácil continuar una costumbre que cambiarla. Existen pastores que disfrutan del pluralismo disoluto, que rechaza leyes en las cuales la Iglesia de Inglaterra pareciera actualmente haberse asentado, y al desafiar la conveniencia de este pluralismo se espera que vayan a defenderse. Pero yo quisiera desafiarlo de todas maneras, y por lo tanto quisiera volver a la pregunta de cuánto debe significar el acto de subscripción, antes que termine mi argumento; porque seguramente queda claro, de lo que ha sido dicho, que es necesario reconsiderar algunas cosas aquí, aunque sea difícil para mis compañeros anglicanos ocuparse en esta tarea.

4. UN LUGAR PARA LOS ARTÍCULOS

Los Treinta y Nueve Artículos están enmarcados tan directamente en las controversias del siglo XVI, en Inglaterra, que difícilmente podía esperarse que las provincias de la comunidad anglicana que comenzaron a emerger en otros países, cerca de tres siglos después, los aceptaran como su propia confesión de fe.

Y tampoco lo han hecho en forma práctica. Comúnmente se ha hecho la observación de que la resolución diecinueve de la Conferencia de Lambeth de 1888 declaró explícitamente que las nuevas provincias anglicanas no necesitaban "estar sujetas a aceptar la totalidad de los Treinta y Nueve Artículos"; aunque no siempre es reconocido que, como lo hice notar anteriormente, la resolución continúa en afirmar que, como condición para una comunión plena con los organismos anglicanos existentes, las provincias nuevas deben dar "evidencia satisfactoria de que ellos sostienen sustancialmente la misma doctrina que la nuestra, y que *su clero se subscribe a algunos artículos de acuerdo con las declaraciones expresas de nuestros propios modelos de doctrina y adoración."* Pero esta resolución, como también lo vimos, ha sido honrada más en su incumplimiento que en su observancia; pues se nota que los Artículos no tienen lugar en los requerimientos actuales de la unidad anglicana. La Conferencia de Lambeth de 1930, por ejemplo, en una declaración comúnmente tomada como definitiva, afirmó que las iglesias de la comunidad anglicana son una asociación

> cuya fe ha sido fundamentada en las doctrinas ... en las cuales la Iglesia de Inglaterra siempre se ha mantenido firme;

pero luego se describen éstas como:

> la fe católica en su totalidad: es decir, la verdad de Cristo, contenida en la Sagrada Escritura; declarada en los Credos de los Apóstoles y

de Nicea, expresada en los sacramentos del evangelio y en los ritos de la iglesia primitiva como están expuestos en el Libro de Oración Común, con sus varias adaptaciones locales; y salvaguardada por las tres órdenes históricas de ministerio.[59]

Aquí no hay referencia alguna a los Artículos.

Por lo tanto, hay un efecto fuerte y constante sobre la Iglesia de Inglaterra que forma parte de la comunidad anglicana, es la presión de dejar los Artículos en una bodega teológica, sin tener ningún rol futuro significativo en dar forma a la fe y a la vida de los cristianos ingleses. Si las iglesias hijas lo han hecho (no que hayan denunciado o negado los Artículos, pero simplemente los han dejado como de mero interés histórico; y, en todo caso, como de un interés remoto), ¿no debería hacer lo mismo la Iglesia madre? Lo cual significaría en la práctica que no se haría ninguna pregunta sobre la relevancia de los Artículos en la actualidad; no se apelaría a ellos como un modelo; no nos llevarían a ninguna reflexión personal y ninguna opinión se ofrecería de su calidad como confesión (doctrina y contenidos esenciales de la fe cristiana). Los Artículos mantendrían su posición legal y constitucional y se subscribirían, como es debido, a ellos, pero no tendrían ninguna autoridad moral ni impacto teológico en la vida intelectual anglicana. Pero, usted diría, ¡eso es justo cómo están las cosas ahora! Exactamente; y no faltan voces para asegurarnos que es mejor que sea así, y que nada más tendrá sentido. Los Artículos, se nos dice, no representan el pensamiento general de la Iglesia en estos días; en la evolución o revolución post Ilustración del pensamiento religioso, todos (menos algunos locos y cerrados) han avanzado (de una forma Monty Python[60]) a algo completamente diferente; por lo tanto, más vale dejar a los Artículos donde están, ya que ellos no nos hablan en forma relevante. No obstante, en este ensayo estoy argumentando que los Artículos, por su derecho bíblico,

---

[59] *The Lambeth Conferences* (Las Conferencias de Lambeth), 1867 – 1930, pág. 246.
[60] El circo Monty Pitón. Serie cómica británica de televisión (BBC) de los años setenta. (Nota del traductor)

teológico, histórico y constitucional, deben tener una mayor importancia en la teología anglicana (y en la educación de los pastores y los laicos) de la que actualmente tienen, y yo quisiera desafiar la suposición de que la mejor forma de avanzar para la Iglesia de Inglaterra en su uso o desuso de los Artículos, es el camino que una gran parte de la comunidad anglicana ha tomado, lo cual es entendible, aunque lamentable.

Voy a argumentar lo que expongo en dos etapas. En este capítulo voy a ofrecer respuestas a tres preguntas: (1) ¿Qué autoridad se puede afirmar que tienen los Artículos? (2) ¿Qué función pueden cumplir los Artículos? (3) ¿Qué tipo de respuesta requieren los Artículos? En el capítulo final, trataré de responder a una cuarta pregunta: ¿Cómo debemos usar los Artículos en la vida de la Iglesia?

4.1. *¿Qué autoridad se puede afirmar que tienen los Artículos?*

Mi respuesta a esta pregunta es: la autoridad propia de un credo.

Describir los Artículos, como yo lo hago en este ensayo, como un credo (el credo denominacional de la Iglesia de Inglaterra), pudiera parecer ingenuo a primera vista, pues es costumbre en estos días mantener la palabra "credo" para los credos ecuménicos (el Apostólico y Niceno, junto con o sin el de Atanasio, que nunca llegó a ser aceptado en el Este; y, por cierto, no es un credo estrictamente hablando), contrastando estos credos con las confesiones de la Reforma, como si ambos fueran dos cosas completamente diferentes. Los credos, se dice, fueron originalmente documentos pastorales, versiones de la profesión bautismal Trinitaria que poco a poco se ampliaron como textos de catequesis; y, como tales, llegaron a ser instrumentos de unidad por medio de los cuales la iglesia unida, testificó en contra de las creencias erróneas que eran mortales; mientras que las confesiones fueron declaraciones ocasionales y polémicas, producidas *ad hoc* por teólogos particulares, como manifiestos de disidencia dentro de la cristiandad, y teniendo autoridad solamente en el grupo cristiano particular del cual salieron.

Los credos son declaraciones primordiales de fe; las confesiones son declaraciones secundarias que presuponen los credos, y sirven como postdata a éstos. Se pueden usar los credos en forma litúrgica, las confesiones no. Los credos y las confesiones difieren en forma; los credos son cortos, orgánicos, y positivos, mientras que las confesiones son detalladas, subdivididas y controversiales. Además, difieren en su contenido; los credos se centran en la Deidad Trina, en la creación y la redención, mientras que las confesiones se enfocan en la antropología, soteriología e, incluso, en materias de orden de la iglesia y la política. Además, difieren en carácter, ya que los credos surgieron como un cuerpo de verdad para dar forma y expresión a la fe de los alumnos, mientras que las confesiones se escribieron para probar la ortodoxia de los maestros. De éstos, y otros contrastes relacionados, con frecuencia se infiere que, mientras que los credos ecuménicos son integrales y necesarios para la vida de la iglesia en cada época, las confesiones de la Reforma (los Artículos entre ellas) son el producto de días antiguos que han servido en su momento y que ahora pueden ser desechados en esta era ecuménica.

Pero la conclusión no es lógica, pues el contraste entre los credos y las confesiones no es tan profundo o de tanto alcance como se supone. Las diferencias expresadas arriba, aunque reales, son superficiales y externas solamente; sólo reflejan las diferentes circunstancias históricas y los asuntos polémicos debido a los cuales los credos y las confesiones se originaron. Teológicamente, y en términos de sí mismos, ambos tienen la misma naturaleza. Lo cual se debe a que los credos son confesiones acerca de Cristo en contra de las opiniones que en cierta medida lo niegan a él, tal y como las declaraciones de la Reforma lo son; y las declaraciones de la Reforma son estándares de ortodoxia evangélica, tal y como los credos ecuménicos lo son. Ambos existen para salvaguardar y expresar la unidad y pureza de la fe cristiana contra los estragos de la herejía. Ambos fueron formalmente recibidos en la iglesia para ayudarla en su responsabilidad de proclamar y preservar el evangelio. La relación básica entre los credos y las confesiones no es de contraste, sino de continuidad y desarrollo: las confesiones suplen a los credos al elaborar la soteriología que ellos implican, tal y como el Credo de

Atanasio suplió el Niceno; y el Niceno, el credo de los Apóstoles, al amplificar las declaraciones acerca de la Trinidad y de la Encarnación. En las palabras de W.H. Griffith Thomas:

> Cuando seguimos en orden los tres Credos, el de los Apóstoles, el de Nicea y el de Atanasio, encontramos que hay una tendencia a la elaboración, a una declaración teológica más completa, y a una explicación de lo que está involucrado en el resumen original de la fe. Las confesiones de fe del siglo XVI son en verdad sólo una extensión, prolongación y desarrollo del mismo proceso.[61]

Esto ha sido demostrado de modo convincente por Gustaf Aulen en su libro, *Reformation and Catholicity*. Tomando "confesión" como su idea básica, Aulen demuestra que la confesión patrística (los credos) y las confesiones de la Reforma (las declaraciones confesionales de varias iglesias nacionales) son "confesiones defensivas" que clarifican y protegen "la confesión bíblica y apostólica."[62] El contenido de cada confesión, sostiene Aulen, es básicamente el mismo. La confesión del Nuevo Testamento Jesús como Señor (*Kyrios*) y Cristo tuvo cuatro puntos focales: el hecho de que es el hombre, Jesús, que vive y es el Maestro resucitado; el hecho de que murió por los pecados en la cruz; el hecho de que vendrá de nuevo, para la salvación final de su pueblo; y el hecho de que es Dios Hijo, co-creador con Su Padre. La confesión patrística organizada en torno a la idea de Jesús como Dios encarnado y así como salvador divino, se centró en los mismos cuatro puntos, resguardándolos contra el docetismo (el Credo de los Apóstoles) y del Arrianismo (el Credo Niceno). La confesión reformada de Jesús como Aquél en el cual y por el cual los pecadores son justificados sólo por la fe, y salvados por la gracia soberana, fue una aclaración y defensa de la misma confesión apostólica, esta vez en contra de la doctrina semi-pelagiana de salvación por el mérito eclesiástico. En contenido y propósito, sostiene Aulen, las tres confesiones son una. Lo que difiere

---

[61] Griffith Thomas, *Principles of Theology (Principios de Teología)*, pág. xxv.
[62] Gustaf Aulen, *Reformation and Catholicity (Reforma y Catolicidad)* (Edinburgh: Oliver and Boyd, 1962), pág. 91.

es sólo el relativo énfasis y grado de elaboración en varios puntos. Sobre la confesión de la Reforma él escribe:[63]

> Es cierto, por supuesto, que la confesión de la Reforma no goza de tanto reconocimiento universal como la confesión de la iglesia primitiva. Es la confesión de sólo una parte de la cristiandad... Sería atrevido, por lo tanto, tratar de declararla como una de las principales confesiones cristianas; sin embargo, si nos atreviéramos a reclamar esta distinción para ella, sólo lo podríamos hacer sobre la base de que está en concordancia positiva con la confesión de la iglesia primitiva y en especial con la del Nuevo Testamento.

El hecho de que los Treinta y Nueve Artículos están "en concordancia positiva con la confesión de la iglesia primitiva" es claro porque al comenzar recapitulan el testimonio de los credos a la Deidad y la Encarnación (1-5), y aprueban los credos como bíblicos (8); así muestran que su propósito es el de adherirse a la fe de los credos, y el de evitar cualquier falta de ellos. El que en ellos se afirme estar "en concordancia positiva con la confesión... del Nuevo Testamento" es demasiado obvio como para que necesite ser probado. En otras palabras, afirman ser lo que son los credos ecuménicos: ecos explicativos del testimonio apostólico de Cristo; y ejercer el mismo tipo de autoridad que ejercen los credos. Y cualquier evaluación responsable de los Artículos debe comenzar por tomar esta afirmación en serio.

Las bases sobre las cuales se sostiene a veces que los Artículos no tienen la naturaleza de una declaración de credo son bastante insustanciales. Frente al argumento de que no son un credo debido a que no son un cuerpo completo de divinidad, es suficiente responder que, completos o no, contienen bastante más que los mismísimos credos ecuménicos. Frente al argumento de que no son un credo debido a que incluyen declaraciones de orden y disciplina para anglicanos, uno sólo tiene que decir que esto significa que son más que un credo, ¡no, menos que uno! El argumento de que no son un

---

[63] Ibid., pág. 121

credo debido a que salieron, en parte, por una motivación política, para aplacar rivalidades y para ayudar a los hombres a vivir juntos en armonía, es respondido al considerar que lo mismo es exactamente verdadero en el caso del Credo de Nicea. El argumento de que no son un credo debido a que nunca han dado a luz una teología anglicana "confesional," como la luterana, es suficientemente respondido al hacer notar que tampoco ha habido un confesionalismo de este tipo en las iglesias reformadas, y aun así la teología reformada es tan clara como la luterana acerca de la naturaleza idéntica de los credos patrísticos y de las confesiones del siglo XVI.[64] El hecho es que los Treinta y Nueve Artículos demuestran, no sólo la misma doctrina que las demás confesiones de la Reforma, sino también la misma preocupación de identificar la fe que ellos confiesan, con la fe de los Padres y del Nuevo Testamento; y la misma convicción de que el camino que ellos defienden es, de hecho, la carretera de la catolicidad, de la cual tanto los romanos como los anabaptistas se habían apartado. Tal como el resto de las confesiones de la Reforma, los Artículos son un credo denominacional, y su autoridad debe ser entendida de acuerdo a eso.

Ahora, ¿cuál es la autoridad que, con razón, un credo ecuménico o denominacional, puede atribuirse? Los Artículos 8, 20 y 21 lo definen eficazmente para nosotros. La autoridad de las declaraciones de fe eclesiásticas no es la autoridad inherente de los pronunciamientos realizados por una fuente infalible, como Roma equivocadamente supone, sino la autoridad derivada de un fiel eco, exposición y aplicación de "la Palabra de Dios escrita" (20) en su testimonio a la Palabra de Dios viva y personal, Su propio Hijo.

Las declaraciones credales y confesionales surgen en tiempos de crisis en la vida de la iglesia, cuando parece que, a menos que la fe apostólica sea clarificada de nuevo, el error simplemente la inundará.

---

[64] Ver Karl Barth, *Church Dogmatics (Dogmática de la Iglesia), 1.2.* (Edinburgh: T. and T. Clark, 1956), págs. 620 -60, una clásica discusión acerca de la naturaleza y significado del proceso confesional.

En tales momentos, la conciencia evangélica reacciona al afirmar públicamente la fe bíblica de la manera más clara posible, en antítesis directa a las varias falsedades que la amenazan. Esas reafirmaciones siempre son hechas en nombre de la Iglesia Universal, en el sentido de que contienen la fuerte convicción que todos los cristianos, y cada uno en forma personal, al enfrentar a esta situación, se verían obligados a hablar abiertamente en los mismos términos. Así, por haber sido hechas, estas declaraciones confesionales llaman a todos lo que afirman ser cristianos a considerar si es correcto o no lo que ellas afirman. Y cuando una iglesia en particular escribe declaraciones credales de este tipo como parte de su constitución, perpetúa este llamamiento a cada generación futura. Cada uno de los tres Credos, y junto con ellos los Treinta y Nueve Artículos como una unidad, explican a cada generación de anglicanos: En tal y tal tiempo, frente a tales y tales aberraciones, la iglesia a la cual tú perteneces se comprometió a las siguientes afirmaciones y negaciones, para preservar la verdad bíblica y para defender y confirmar el evangelio. Y les preguntan: ¿Estás de acuerdo en que estas afirmaciones y negaciones se hicieron correctamente y que, por lo tanto, no te empeñarás en mantener afirmaciones y negaciones equivalentes en tu propia situación?

Con esto vemos qué autoridad deberían tener los credos y las confesiones. Llegan a nosotros como juicios previos, honrados por el paso de tiempo, en asuntos específicos que tienen que ver con la fe de Cristo, y de la misma forma en que están expuestos en las Escrituras. Nos llegan como decisiones corporativas hechas en primer lugar por la iglesia hace siglos, y ahora confirmadas y encargadas a nosotros por el testimonio confirmatorio de todas las generaciones posteriores que las han aceptado hasta llegar a nuestra época. Así, los Artículos nos llegan apoyados por la aprobación de millones de creyentes anglicanos a través de cuatro siglos, y en particular por los cientos de miles de pastores que se han subscrito a ellos; mientras que los tres Credos llegan con el apoyo de una nube de testigos mucho más grande incluso que ésa; sin embargo, aunque sea grande el número de aquellos que, al aceptar ellos mismos estos formularios, eficazmente los encomiendan a nosotros, no se les confiere infalibilidad en ningún momento. El argumento, a veces escuchado, de que los Credos pueden con seguridad tomarse como una regla de fe debido a que la Iglesia Universal entera los ha aceptado desde hace ya tanto tiempo, y por el contrario, no podemos tener la misma confianza en los Artículos debido a que no han sido reconocidos por tan grande número de personas, no va a la raíz del asunto. Aun los credos siguen siendo humanos; nunca nos atreveríamos a tratarlos como intrínsecamente inerrantes, no importa cuántos millones de personas los endosen. Tanto los credos como los Artículos llegan a nosotros como exposiciones primarias y comentarios venerables sobre la Sagrada Escritura; no más, ni menos. Debido a que los Artículos no son más que eso, ninguno de nosotros está libre de la responsabilidad de probarlos y medirlos de acuerdo a las Escrituras que ellos buscan exponer, antes de aceptarlos finalmente (como el Artículo 8 dice de los tres credos, y como el Artículo 20 dice por implicación del Artículo 8). Pero debido a que no son menos que eso, y a que la Iglesia de la cual formamos parte se ha atrevido a comprometerse con ellos como exposiciones fieles, ninguno de nosotros tiene la libertad de negarlos o ignorarlos, o de despreciarlos. Es de primera obligación para los anglicanos tener completamente en cuenta las formulaciones expositivas a las cuales nuestra Iglesia está ligada; e ignorarlos, como si estuviéramos convencidos de que el Espíritu de Dios no tuvo nada que ver con ellos, no es más justificable, como tampoco lo es el tratarlos como divinos, inspirados e infalibles.

Concluimos entonces, que la autoridad que debe atribuirse a los Artículos es la misma autoridad de *un testigo fiel:* la autoridad; es decir, de ser un verdadero eco y de la aplicación del mensaje bíblico. Y el fundamento adecuado para aprobarlos y, en el caso del clero, consentir suscribirse a ellos, es que uno debe haberlos cotejado con las Escrituras que ellos profesan explicar, y debe haberlos encontrado fieles en la revelación de la Palabra de Dios.

4.2. ¿*Qué funciones pueden cumplir los Artículos?*

Bien podemos encontrar respuesta a esta pregunta al revisar los cinco usos que la Iglesia universal ha hecho a través de los siglos de las declaraciones por medio de credos, tanto ecuménicas como denominacionales.

El primer uso es *declaratorio*. Ante la confusión, el error y la guerra teológica, estas declaraciones han sido enarboladas como banderas, manifiestos y puntos de reunión para mostrar en que cree la gente común y a lo que no está dispuesta a renunciar. Las bases doctrinales evangélicas tienen el mismo papel. Declarar así es, por supuesto, discriminar: significa calificar algunos puntos de vista como verdaderos y otros falsos, e identificar a los primeros como la única base aceptable para ese tipo y grado de comunidad que se promueve y se salvaguarda. No obstante, declarar así es también establecer y proclamar la unidad entre aquellos que aceptan la declaración. La declaración no sólo divide; también une.

El segundo uso es *didáctico*. Estas declaraciones han sido usadas junto con la Escritura para enseñar la fe.

El tercer uso es para *la defensa y la denuncia*. Las declaraciones por medio de credos han sido usadas también junto con la Escritura, como un criterio para identificar la herejía y como un arma para combatirla.

El cuarto uso es *disciplinario*. A las declaraciones por medio de credos se les ha dado en muchos casos estatus constitucional, para funcionar como límites a las creencias de los pastores y de cualquier persona. Incluso se les han impuesto sanciones a quienes traspasan estos límites.

El quinto uso es para la *doxología*. El Credo de los Apóstoles y el Credo Niceno han sido usados en adoración por los católicos romanos, anglicanos, luteranos, ortodoxos y, con menos regularidad, por los presbiterianos, como una celebración de los actos maravillosos de Dios de creación y redención, que equivalen a los relatos de las liberaciones históricas en los salmos.

¿Cuáles de estas funciones pueden cumplir los Artículos hoy? ¿Y cuáles necesitamos que ellos cumplan? Históricamente, la intención fue que cumplieran cuatro funciones principales:

Primero, la intención era que funcionaran como la tarjeta de identidad teológica de la Iglesia de Inglaterra, mostrando en lo que ella se sostenía, cuando había una cristiandad dividida y en estado de guerra. Como tales, los Artículos tuvieron como función ser los títulos de propiedad del estatus católico. Catolicidad y apostolicidad, para nuestros reformadores, no tuvieron nada que ver con una (imposible de probar) sucesión ministerial, sino que fueron enteramente una cuestión de doctrina. El tercer canon de 1604 declaró que la Iglesia de Inglaterra "es una Iglesia apostólica verdadera, que enseña y mantiene la doctrina de los apóstoles." Los Artículos fueron redactados para hacer realidad esta afirmación (que antecede a 1604 por supuesto; y se remonta hasta los reformadores), y para demostrar que la Reforma inglesa, lejos de ser, como Roma suponía, una falta de la catolicidad y apostolicidad por parte de la *ecclesia anglicana,* era en realidad una recuperación de estas cualidades a través de la recuperación de la fe apostólica auténtica. No es sin motivo, que Rogers tituló la edición final de su exposición de los Artículos: "La Doctrina Católica de la Iglesia de Inglaterra."

Segundo, los Artículos fueron concebidos para salvaguardar la verdad del evangelio, por el bien de las almas, el bienestar de la iglesia misma, y la gloria de Dios. Cuando Parker y catorce obispos más escribieron a Isabel, en 1566, pidiéndole dar asentimiento real a un proyecto de ley, requiriendo la subscripción a los Artículos de 1563, un proyecto de ley que ella antes había bloqueado (fue un primer borrador del proyecto de ley que al fin se llevó a cabo en 1571), las primeras tres razones que ellos dieron para hacer esta petición fueron:[65]

> Primero, el asunto mismo concierne a la gloria de Dios, al avance de la verdadera religión, y a la salvación de las almas cristianas, y por lo

---

[65] *Correspondence of Archbishop Parker (La Correspondencia del Arzobispo Parker)* (P.S., 1853), pág. 293.

tanto debiera principalmente, sobre todo, y antes de cualquier otra cosa, ser solicitado. Segundo, el libro que ahora se pretende sea confirmado, contiene los principales Artículos de la religión cristiana que van muy de acuerdo con la palabra de Dios... Tercero, varios y diversos errores, los cuales han sido defendidos en este reino maldita y obstinadamente por los adversarios del evangelio, son condenados por los mismos Artículos.

Los Artículos fueron compilados con la intención de asegurar que el evangelio de la justificación por la fe y la salvación por la gracia, perdido durante mucho tiempo antes de la Reforma, nunca más debería perderse de la iglesia.

Tercero, como su título lo indicó, los Artículos debían traer unidad y orden dentro de la Iglesia ("establecer unidad respecto a la verdadera religión"), y eso en los campos de la doctrina y la disciplina. Ellos debían resguardar el púlpito, tal y como el Libro de Oración Común debía resguardar el atril; y así, en las palabras de Henson, "proteger a la gente de los pastores herejes." Ellos debían ser también el estándar doctrinal para interpretar el Libro de Oración.

La cuarta razón de Parker al pedir a Isabel que exigiera la subscripción a los Artículos fue:[66]

> ...la aprobación de los Artículos por parte de su Majestad será un buen medio para establecer y confirmar a todos los súbditos de su Alteza en un acuerdo común y en unidad de la doctrina verdadera, para la quietud y seguridad de su Majestad y de este su reino; pues ahora, por falta de Artículos de doctrina a ser declarados por ley, hay gran distracción y disensión de mente entre sus súbditos.

La suposición de que la uniformidad de doctrina forzada por ley produciría una uniformidad espontánea de juicio puede parecer ingenua hoy en día; sin embargo, no hay duda de que los Artículos tuvieron un efecto teológico estabilizador, tanto bajo el reinado de Isabel como posteriormente.

---

[66] Ibid., pág. 294.

Cuarto, la intención era que los Artículos pusieran los límites a la inclusividad de la Iglesia de Inglaterra. Siempre fue la intención, que la Iglesia de Inglaterra reformada fuera lo más inclusiva posible, y para ese fin los Artículos fueron hechos lo más amplios posible, como vimos. Pero la inclusividad que se intentó fue una inclusividad evangélica, no la que el Dr. Vidler ha llamado el "sincretismo sin principios" de "un tipo de liga de religiones,"[67] en el que la situación sería como el obispo J.C.Ryle lo puso:

> ...que se declarara a la Iglesia como una clase de Arca de Noé, en la cual cualquier tipo de opinión y credo morara a salvo y sin disturbios, y donde los únicos términos de comunión fueran la disposición de entrar y de dejar solo a tu vecino,...[68]

Pero lo que se busca es la inclusividad que resulta al dejar los requerimientos doctrinales al mínimo, y permitir la máxima flexibilidad y variedad en asuntos secundarios. Los Artículos son, en este sentido, mínimos (son los más breves de las confesiones reformadas); pero tuvieron como propósito asegurar que todo los pastores anglicanos, cualquiera que fueran sus ideas sobre otros asuntos, estuvieran unidos en la enseñanza de la doctrina agustiniana del pecado y de la doctrina reformada de la justificación y de la gracia; debían, en otras palabras, unirse en proclamar lo que los reformadores reconocieron como el evangelio del Nuevo Testamento.

¿Acaso no se necesita que estas cuatro tareas (identificar a la Iglesia de Inglaterra dentro de la cristiandad, preservar la "palabra de fe" apostólica, resguardar el púlpito contra la herejía anti-evangélica y limitar la inclusividad con el evangelio) se hagan aún hoy en día? Si asentimos que la Iglesia está llamada por Dios a ser "columna y baluarte de la verdad" (1 Timoteo 3:15) y que tiene corporativamente la responsabilidad que le asigna a sus pastores individualmente, de

---

[67] Alec Vidler, *Essays in Liberality (Ensayos en liberalidad)* (London: SCM, 1957), pág. 166.
[68] J.C. Ryle, *Principles for Churchmen (Principios para los fieles practicantes)* (1884), pág. xxiv.

"desterrar y rechazar toda doctrina errónea y extraña, contraria a la Palabra de Dios," y si además estamos de acuerdo en que las decisiones de la Reforma en contra de Roma eran correctas en lo esencial, y que marcaron de hecho la recuperación del evangelio apostólico (lo que, se espera, pocos disputarían), entonces claramente debemos decir que estas tareas aún necesitan hacerse. Pero preguntamos: ¿son los Artículos, en vista de su antigüedad, aún capaces de realizarlas? A lo cual la respuesta debe ser que lo son, tal y como los credos lo son (¡y los credos son mucho más antiguos!). ¿Cómo pueden los credos y los Artículos ayudar a realizar estas tareas hoy? Pueden ayudar por las preguntas que nos hacen, y por las amonestaciones con las cuales nos desafían. Los credos y las confesiones, como vimos, son adoptados formalmente por la iglesia como reafirmaciones del evangelio frente a errores particulares. La forma misma de su contraposición a estos errores refleja un punto de vista particular de lo que es el evangelio. Sea, o no, que los errores en cuestión sobrevivan a las futuras generaciones (de hecho, la mayoría de aquellos con los que los credos y los Artículos lidian todavía subsisten; sin embargo, nuestro argumento presente se sostiene aún si ellos no lo hicieran), el concepto del evangelio que estas declaraciones contienen permanece como un desafío permanente a todos aquellos que vengan después. Así, los Credos de los Apóstoles y de Nicea desafían a cada generación de la Iglesia Universal: ¿aún están junto a nosotros en cuanto a la Trinidad, y en la encarnación, en la segunda venida de nuestro Señor, y la esperanza cristiana, y si no es así, por qué no, no son nuestras posiciones bíblicas? Ve a la Biblia y compruébalo, ¿Y si encuentras que lo son, no trabajarás para enseñar y enfatizar y defender estas creencias en tu tiempo, tal como lo hicimos en el nuestro? Y los Artículos, que complementan los credos, preguntan a cada generación de anglicanos preguntas adicionales. ¿Sostienes tú lo que nosotros sostenemos en cuanto a la suficiencia y supremacía de la Escritura?, ¿la gravedad del pecado?, ¿la justificación sólo por la fe sólo en y por Cristo?, ¿la naturaleza de los sacramentos como sellos de la promesa del evangelio, medios de gracia debido a que ellos son medios a la fe?, ¿lealtad al evangelio en palabra y sacramento como la única marca de la iglesia?, ¿lo peligrosas que son las tendencias anti-evangélicas de las doctrinas y prácticas romanas? Si estas creencias no están en el centro de tu fe y de tu testimonio, ¿por qué no lo están? Coteja estas opiniones con la Escritura: ¿pues acaso no es cierto de que donde estamos en lo correcto, la Biblia ya lo estaba antes que nosotros?, ¿y entonces si estábamos en lo correcto, al tratar estos puntos como puntos evangélicos esenciales, no deberías tú estar buscando formas y medios de proclamarlos y vindicarlos ahora?

Pertenece a la vocación teológica anglicana el vivir en diálogo continuo de este tipo con los credos y los Artículos. Es parte de nuestra propia disciplina teológica de abrirnos a las preguntas que nos hacen y permitirles constantemente desafiar nuestra parcialidad, corregir nuestras aberraciones, reprender nuestras "negligencias e ignorancias," llevarnos con insistencia de vuelta a las Escrituras, y confrontarnos con sus clásicas clarificaciones de asuntos básicos bíblicos y evangélicos. No quiere decir que el diálogo sea de un solo lado: debido a que los Artículos nos interrogan en nombre de la Escritura, así mismo debemos interrogarlos con preguntas como: ¿Por qué dices esto?, ¿qué quieres decir?, ¿qué justificación bíblica tienes para esto? (Sin embargo, no debemos sorprendernos si encontramos, como otros han encontrado antes de nosotros, que los Artículos dan respuestas muy satisfactorias a tales preguntas). Ningún anglicano tiene derecho a evadir este diálogo instructivo y correctivo, y cualquiera que ha experimentado en alguna medida el beneficio de este diálogo, considerará a la persona que lo evade, no sólo un anglicano inadecuado, sino insensato también. Una prueba de la calidad de un credo es la utilidad que resulta de este tipo de diálogo con él. Por esta prueba, los Artículos deben ser evaluados como un excelente credo en verdad. Así, ellos aún pueden tener un rol vital en la vida teológica del anglicanismo del siglo XX al asegurar que, mientras que nos dirigimos hacia nuevos problemas y preocupaciones, no perdemos contacto con el viejo evangelio, desde donde las respuestas a las perplejidades modernas deben ser sacadas. Este es el servicio más grande que los Artículos pueden ofrecernos.

4.3. Cuál debería ser nuestra respuesta ante los Artículos?

Si hay algo de sustancia en lo que hemos venido diciendo, es claro que no podemos despreocupadamente desechar los Artículos porque son antiguos. Hasta que no sean decisivamente refutados por la Escritura (lo que no se ha hecho hasta el momento), no tenemos ninguna justificación para rechazarlos, o para relajar el requerimiento de la subscripción de los pastores. Tampoco, como ya vimos, tenemos ninguna justificación para tratar la subscripción como una formalidad tradicional, sin ningún significado existencial para el subscriptor, excepto como un signo de lealtad a la Iglesia de Inglaterra como una institución. Por el contrario, la subscripción a los Artículos debe indicar que un hombre en efecto ha puesto a prueba los Artículos cotejándolos con la Escritura, y ha encontrado que "están de acuerdo con la Palabra de Dios"; que aprueba y desea apropiarse de su énfasis, perspectiva, espíritu, y de las ideas teológicas que expresan; y que está resuelto a predicar el evangelio que los Artículos definen, y a oponerse a todas las doctrinas, aunque sean populares y estén de moda, que explícita e implícitamente los contravengan. La nueva forma de subscripción muestra que la Iglesia aún quiere que su clero está conformado por hombres de este temple, y por eso, uno está agradecido.

Algunos abogan por una revisión de los Artículos, o que se expresen en otras palabras, pero esta petición es poco práctica (pues expresarlos en otras palabras no podría evitar un cambio en la sustancia y esencia de lo que dicen, y además ninguna revisión podría lograr una concordancia general cuando se haya hecho); aun más, tal sugerencia está mal concebida. No se revisan los credos, sino que se escriben más declaraciones para complementarlos. Es lo que los concilios y los sínodos han hecho históricamente, y fue la manera correcta de proceder. Fue éste el propósito por el cual los Artículos mismos fueron escritos: ellos presupusieron los credos, pero fueron más allá de ellos, tratando con asuntos que los credos no trataron directamente. Hay argumentos a favor de una nueva declaración anglicana hoy, que presupone los credos y los Artículos, y que trata sobre esa base con temas del siglo XX como por ejemplo la creación, la providencia y la gracia común, los cuales son temas que los Artículos apenas tocan. Pero no sería apropiado cambiar los Artículos como tampoco lo es cambiar los credos. Tal acción realizada por una iglesia no podría ser interpretada como otra cosa que como una repudiación en algún punto de los antiguos caminos (que, inevitablemente, en realidad lo sería). Nadie duda que la catolicidad de una iglesia sería sospechosa si ella misma calificara su aceptación a los credos ecuménicos. Pero si la afirmación histórica de que los Artículos enseñan "doctrina católica" es válida, entonces cualquier distanciamiento de esa doctrina llegaría hasta el punto de comprometer la catolicidad del anglicanismo.

La gran necesidad hoy en día es que los anglicanos confronten los Artículos y entren en una seria reflexión sobre lo que dicen, para que al hacerlo, puedan ver a través de ellos (pues con toda seguridad podrán verlo) cuáles son realmente los aspectos esenciales del evangelio. Tal retorno a los primeros principios tenía que haberse hecho hace tiempo, y la teología anglicana languidece por falta de ello. Como ha escrito el Profesor G. W. Bromley:

> La actual negligencia o evasión o incluso desafío a los Artículos es una de las más grandes tragedias en el anglicanismo moderno, pues como fueron concebidos en primera instancia, dieron la esperanza de que promoverían grandemente la unidad en la verdad y en la libertad bajo autoridad, que son tan necesarias para el bienestar de la Iglesia. Y a pesar de cada obstáculo, no han fallado del todo su propósito; pero, obviamente, no pueden hoy ejercitar sus funciones en la forma fructífera que podría significar tanto, no sólo para la salud doctrinal, sino también para la espiritual y disciplinaria. Ningún asunto es más urgente que la supresión de esos malos entendidos, para que el verdadero propósito histórico de los Artículos sea apreciado y para que el lugar que deben tener sea restaurado, para así cumplir su función vital y benéfica de las dos maneras en que actúan, de forma tanto positiva y constructiva,

como negativa y crítica.[69]

Nada mejor podría desearse para el futuro del anglicanismo y el bienestar de las iglesias anglicanas, que el que los Artículos recobraran entre nosotros el estatus que les pertenece por derecho teológico.

---

[69] *The Churchman*, Junio 1959, pág. 65.

5. UN USO PARA LOS ARTICULOS

Ahora vamos a asuntos prácticos. ¿Qué usos podemos darles a los Artículos actualmente? Mi respuesta puede ser expuesta en tres palabras: asimilar, aplicar y aumentar.

5.1. Asimilación

A estas alturas, creo que es obvio que soy un entusiasta de los Artículos, pues son más que una pieza de época, y merecen un interés mayor que el que le daría un anticuario. Al venir de un tiempo en el que la pregunta más básica del cristianismo, es decir, los términos del evangelio mismo, se discutía con erudición y pasión, ellos se centran en los fundamentos y definen el evangelio de una forma que debe considerarse como clásica en cuanto a los estándares bíblicos. Por lo tanto, son siempre relevantes, y aun más en una época como la nuestra, donde debido a la debilidad existente que resulta de, lo que considero enfoques poco sólidos de la Biblia,[70] las iglesias de la Reforma han perdido su certeza acerca de esta definición clásica. Y ésa es nuestra condición actual. Aparte de la hermandad evangélica (que es una minoría), los profesores protestantes, en todos los niveles, han estado, por algún tiempo ya, relativizando los absolutos del evangelio revelado, aparentemente para hacer posible la esperanza de salvación, con el fin de incluir a todas las diferentes comunidades: la post-cristiana, que abarca a todos los que han dejado sus antecedentes cristianos, como la mayoría de las sociedades de occidente; la que engloba a los que nunca han sido cristianos; y la formada por los que no sólo no son cristianos, sino

---

[70] Vea J.I.Packer, *Fundamentalism and the Word of God (Fundamentalismo y la Palabra de Dios)* (London, IVF, 1958), VII, "Liberalism" (Liberalismo) , págs. 146 – 68; *"Infallible Scripture and the Role of Hermeneutics" (La Escritura Infalible y el Rol de la Hermenéutica)* en *Scripture and Truth (Escritura y Verdad)*, ed. D.A. Carson y John D. Woodbridge (Leicester: IVP, 1983), págs. 325 - 56.

que están en contra del cristianismo. Pero lo que han logrado, es llevar a los creyentes laicos a una inseguridad mayor, acerca del contenido del mensaje cristiano que se ha conocido durante siglos. Y es verdad en el caso de la Iglesia de Inglaterra como lo es en cualquier iglesia, y por eso la aparente poca importancia que se les da a los Artículos recobra su fuerza de la misma manera en que, por ejemplo, es importante la presencia del socorrista cuando los bañistas que han pasado por alto sus advertencias se meten en problemas. ¿Estoy dando a los Artículos la calidad de tener un rol de rescatador? Sí, eso estoy haciendo. La razón más fundamental para elaborarlos, más allá y por sobre los dividendos políticos de corto plazo, fue la de proveer para el futuro una respuesta anglicana a la pregunta: ¿qué es el evangelio? Según la constitución, los Artículos todavía dan esa respuesta. Debido a que para los estándares bíblicos ellos responden a la pregunta correctamente, y a que gran parte de los anglicanos se ha apartado de esa respuesta, para su propio perjuicio, espero se me perdone mi entusiasmo, no importando cuán pasado de moda yo les parezca, pero realmente no puedo pensar en ningún otro curso de estudio más saludable para los anglicanos en general, en estos días, que el de analizar y asimilar el mensaje cristiano como lo definen, exponen y delimitan los Artículos.

Nadie debe desalentarse porque los Artículos muestren su antigüedad, tanto en el lenguaje que usan como en los puntos secundarios a los que se refieren; es obvio que son antiguos. Lo mismo pasa con Chaucer y Shakespeare y con Milton y Jane Austen y Emily Bronte; o con las pinturas de Cristo y los santos plasmados por El Greco. Lo mismo pasa con la música de Byrd, Bach, Beethoven, Brahms y Bruckner. Y con las pistas grabadas acústicamente por la Banda de Jazz King Oliver en 1923, las que el finado Hans Rookmaaker consideraba como lo mejor desde Bach. Lo mismo acontece con la milagrosa versión del concierto para violín de Elgar, tocada por Yehudi Menuhin de 16 años, bajo la conducción del compositor, en 1932, así como con la teología de Atanasio, Lucero, Hooker, Owen y Edwards.

Pero la antigüedad no devalúa la sustancia clásica, por el

contrario, la sustancia clásica enriquece todas las épocas, no sólo la suya. Ahora bien, los Artículos tienen sustancia clásica, y es lo que necesitamos asimilar hoy. Por lo tanto, pregúntele a los Artículos cuál es el mensaje del evangelio, y ellos le darán las siguientes respuestas:

5.1.1. El evangelio es un mensaje acerca de Dios

El evangelio muestra al Dios, Creador, Redentor y Juez; el Jehová Trino de los credos patrísticos y de toda la teología cristiana previa al siglo XVI. El Artículo 1 habla acerca de la eternidad de Dios, sus perfecciones y su naturaleza como Trinidad; los Artículos 2-4 y 15 sobre la encarnación, muerte propiciatoria, resurrección corporal y el inminente regreso del Hijo de Dios; y el Artículo 5 sobre la completa deidad personal del Espíritu Santo. Hoy en día, tanto la tri-personalidad como la infinidad de Dios están siendo cuestionadas, como también lo están la resurrección de Jesús, su regreso y la eficacia objetiva de su muerte. Los Artículos tratan estos aspectos fundamentales al comienzo, porque si no son expuestos correctamente, todo lo demás está sujeto a ser expuesto erróneamente, ya que en ellos se encuentran las bases de nuestra doctrina.

5.1.2. El evangelio es enseñanza bíblica acerca de Cristo y la salvación

El catolicismo romano del siglo XVI añadió libros adicionales al canon bíblico y principios extras a la doctrina bíblica; los precursores en el siglo XVI del dispensacionalismo y la ética de situación modernos negaron que el Antiguo Testamento hablara de la salvación cristiana, y que la ley moral fuera obligatoria para los creyentes. Los Artículos 6 al 8 confrontan a estas ideas. El Artículo 6 afirma la suficiencia de la Escritura como una guía para la salvación e identifica los 66 libros canónicos. El Artículo 7 declara los vínculos cristológicos, evangélicos y éticos que unifican los dos Testamentos como un sólo testigo escrito acerca de una sola revelación orgánica de la vida eterna. El Artículo 8 declara que la razón por la cual los tres credos clásicos deben ser aceptados no es debido a que la iglesia así lo diga, sino al el hecho de que la Escritura muestra que son verdaderos.

5.1.3. *El evangelio es un mensaje acerca del pecado, la gracia, la fe y el arrepentimiento*

Los Artículos 9 – 18 lo enuncian detalladamente; hablan de nuestra impotencia espiritual como pecadores (Artículos 9, 10); de que Dios nos justifica por gracia por medio de la fe en la obra de Jesús (Artículos 11 – 16); del plan de salvación en el cual la justificación es sólo uno de una serie de pasos (Artículo 17); y de la demanda exclusiva del evangelio (no hay salvación fuera de Cristo) que en sí misma es una invitación inclusiva a toda persona (Artículo 18). El uso de la primera persona indica que estos Artículos tiene el carácter confesional: "no *tenemos* poder" (Artículo 10); "*somos* justificados solamente por la fe" (Artículo 11); "las buenas obras... no pueden expiar *nuestros* pecados" (Artículo 12); "no *dudamos* de que tengan (las obras hechas antes de la gracia de Cristo) naturaleza de pecado" (Artículo 13); "pero *nosotros*...lo ofendemos" (Artículo 15); "*podemos*...caer en pecado, pero por la gracia de Dios levantar*nos* de nuevo" (Artículo 16); "*debemos* recibir las promesas Divinas del modo que *nos* son generalmente propuestas en la Santa Escritura" (Artículo 17); "la Escritura Santa *nos* propone solamente el nombre de Jesucristo, por medio del cual únicamente han de salvarse los hombres" (Artículo 18). La intención era que estas declaraciones debían mantenerse como el testimonio unido de todos los anglicanos en todas partes del mundo. El de que los Artículos hagan eco del vocabulario técnico de Agustín (justicia original, pecado original, naturaleza, libre albedrío, buena voluntad, conciencia, gracia previniendo y trabajando en nosotros), y también de los términos técnicos medievales (mérito, supererogación, congruidad) no debe permitir que oscurezca para nosotros el hecho de que es la plena enseñanza del Nuevo Testamento la que está siendo confesada. Y aquí está el corazón del evangelio, como los anglicanos lo entienden y deben entenderlo: los pecadores merecedores del infierno son perdonados, aceptados, y finalmente salvados, por gracia, por medio de la fe en Jesucristo crucificado, quien llevó nuestro pecado y resucitó, fe que revela ser genuina al volver a Dios en verdadero arrepentimiento y al dar buenos frutos en su nuevo estilo de vida.

5.1.4. El evangelio es un mensaje acerca de la Iglesia

El evangelio es un mensaje acerca de la Iglesia, la comunidad de creyentes creada por Cristo que está llamada a vivir y adorar bajo la autoridad de la Escritura; sin ministros no autorizados ni miembros que lo dejen a uno perplejo porque oscurecen el evangelio (Artículos 19 – 24). El evangelio realza la individualidad, pero niega el individualismo, al enfatizar que la nueva identidad del creyente es corporativa. Convertirse en un verdadero cristiano no implica la persona solitaria llegando al Dios solitario, sino un asunto de nacer a una familia grande; y ser cristiano significa compartir la vida de familia de acuerdo al código familiar que la Escritura prescribe.

5.1.5. El evangelio es un mensaje acerca de los sacramentos

El evangelio es un mensaje acerca de los sacramentos, dos ritos familiares por los cuales Cristo confirma sus promesas hacia nosotros y despierta nuestra fe en él y en ellos bajo el principio de que ver es creer. Los sacramentos no son encantos de magia, como a veces se han considerado en forma supersticiosa; sino que son signos dados por Dios que nos dan señales acerca de la gracia de Dios, y se les debe recibir y responder como tales (Artículos 25 – 31).

Las cinco aseveraciones anteriores resumen las ideas clave de los Artículos doctrinales (del 32 al 39 tratan con preguntas corolarias de disciplina y ética), e incluso un breve examen como éste, del terreno que cubren debería convencernos de nuestra necesidad de absorber su enseñanza. ¿Éste es el auténtico evangelio del Nuevo Testamento? Lea el Nuevo Testamento, y compruébelo usted. No sé cómo algún intérprete racional de las Escrituras apostólicas puede dudar de que los Artículos enseñen lo mismo. En mi caso, quiero hacer eco de las palabras de B.B. Warfield, quien dijo en una ocasión que él firmó los estándares de Westminster gustosamente, y que enseñaría sus doctrinas *sistemáticamente*:

> de hecho, no es porque al comenzar con este sistema uno pueda exigir que las Escrituras lo enseñen así, sino es porque al comenzar

con las Escrituras yo no puedo hacer que ellas enseñen algo diferente.[71]

Todo estudiante de la Biblia sobrio y objetivo tendría, pienso, que decir lo mismo. Entonces yo insto a quienes somos pastores a que tengamos la conciencia de exponer los Artículos como una parte regular de nuestro ministerio, y a que los laicos trabajen concienzudamente para comprender la teología que los Artículos contienen, "su sistema de doctrina," para usar el lenguaje común de los presbiterianos. Esto, por supuesto, va a significar estudio (un estudio en el cual todos los pastores deberían estar dispuestos a ayudar) para el cual ya se tiene también material impreso disponible.[72] Que nadie dé tiempo y esfuerzo de mala gana a este estudio, pues todos al final saldremos fortalecidos.

5.2. *Aplicación*

Por aplicación me refiero a dos cosas: a relacionar los Artículos con el tipo de pensamiento actual y a aplicarlos a la vida diaria en la época contemporánea. Tanto la doctrina a moderna como las nociones modernas acerca de la adoración y del comportamiento, deberían estar correlacionados con los Artículos, como un paso hacia ver en qué coincide con la Biblia. La Iglesia está llamada a honrar a Dios y a hacer su voluntad, lo cual significa que debe ordenar su pensamiento y su forma de actuar a la luz de la verdad revelada de Dios; y una labor de los credos y confesiones es la de mantener la verdad revelada delante de las mentes cristianas. Ahora bien los Artículos son un credo de la iglesia, como ya hemos visto, por lo que no deben ser desechados como una mera curiosidad, pues fueron redactados para

---

[71] B.B. Warfield, *The Inspiration and Authority of the Bible (La Inspiración y Autoridad de la Biblia)* (Philadelphia: Presbyterian and Reformed, 1948), pág. 419.

[72] Latimer House mismo patrocinó la publicación de una exposición importante del Profesor Oliver O'Donovan, titulada *On the Thirty-nine Articles: A Conversation with Tudor Christianity (Acerca de los Treinta y Nueve Artículos: una conversación con la cristiandad tudor)* (Exeter: Paternoster, 1986).

cumplir, basados en la Escritura y junto a sus otros roles, la función específica de evaluar, corregir y, cuando fuere necesario, redirigir cualquiera de las ideas que la iglesia tenga en cualquier momento dado. Están como un constante desafío a opiniones desviadas y como directrices perpetuas hacia canales de pensamiento verdaderos y correctos. Es probable que las preguntas que agitan con mayor agudeza a las mentes anglicanas en estos días son aquellas que plagan a todo el mundo occidental (como paz universal, desarrollo global, hambre a nivel mundial, la amenaza y la disuasiva nucleares, el aborto, la eutanasia, el crecimiento vertiginoso de la industria pornográfica, y todo esto sólo para comenzar) y se podría pensar que los Artículos no pueden darnos ninguna ayuda para enfrentarlos. Pero la Ética es una rama de la doctrina, y sólo cuando las verdades básicas acerca de Dios, y de sus caminos con nosotros, están claras podemos esperar ver la sabia y correcta senda a tomar al enfrentar estos problemas. De hecho, prestar atención a la verdad revelada nunca está fuera de lugar. Los Artículos mismos son el fruto de prestar dicha atención; y sigue siendo una parte importante y saludable de nuestro compromiso anglicano el mirar todos los puntos de vista involucrados en la iglesia (que, como sabemos, son muchos) a la luz de lo que los Artículos arrojan sobre ellos.

Algunos sin embargo, que concederían que los Artículos resguardaron bien la verdad de Dios en el siglo XVI, aún dudan si ellos pueden dar una guía relevante hoy en día, pues los Artículos tienen más de cuatro siglos de antigüedad, así que, es probables que algunos digan: ¿cómo pueden relacionarse con los debates modernos?

Para esta pregunta existe, en mi opinión, una respuesta que voy a explicar en dos partes.

Primero: Mientras la Iglesia de Inglaterra centre su pensamiento teológico en el evangelio; mientras busque una teología que sea, para usar la palabra moderna, *kerygmática* (i.e. evangélica en contenido y evangelística en su propósito); mientras su deseo supremo sea el de comprender y el hacer que sean comprendidas las buenas nuevas de la gracia salvadora de Dios, los Artículos seguirán siendo nuestra guía ante cualquier circunstancia. Su más grande objetivo era clarificar el evangelio, y ése fue su logro supremo. Negar que los Artículos hablen en nuestro tiempo es equivalente a negar que el evangelio mismo lo haga. Negar que los Artículos puedan ayudar a la Iglesia Anglicana en sus problemas presentes es equivalente a declarar que la Iglesia Anglicana ya no se preocupa del evangelio, y que ya no quiere seguir enfocándose en él. Cualquiera que siguiera esta postura estaría destruyendo la identidad eclesiástica de la Iglesia de Inglaterra, incluso si su cargo fuera el de un teólogo profesional. Es muy triste para cualquier iglesia cuando sus teólogos pierden contacto con el evangelio, pues el papel de los teólogos es el de guiar a la iglesia para que sepa lo que debe creer y predicar. Los teólogos fortalecen a su iglesia cuando estudian el evangelio, de lo contrario la debilitan al distraerla de lo más importante.

Si la teología anglicana se aleja del evangelio, no importa cuán distinguidos y eruditos sean aquellos que la alejan, no habrá futuro para la Iglesia de Inglaterra. Ninguna iglesia puede ser saludable si se enfoca en lo menos importante, y se olvida, de lo que es realmente fundamental. En cambio una teología anglicana que está decidida a apegarse al evangelio encontrará que los Artículos son tan relevantes hoy, como lo fueron ayer.

Al cumplir su función de declarar y resguardar el evangelio, los Artículos han peleado batallas que han tenido que pelearse constantemente a través de los siglos (la batalla por la verdad de la Trinidad, por la deidad de Cristo y el significado de su muerte llevando nuestros pecados; por la suficiencia de la Escritura y su supremacía sobre la iglesia; la batalla en contra del pelagianismo; en contra de la auto-salvación por las obras y el esfuerzo humano; en contra de las concepciones autoritarias de la iglesia, y de las opiniones mágicas de los sacramentos), y son batallas que tendrán que pelearse vez tras vez mientras los instintos teológicos que salen del corazón humano caído permanezcan, como lo estuvieron en el primer siglo, y como han demostrado estar desde entonces. En ese sentido la relevancia de los Artículos continúa siendo un hecho permanente pues son como baluartes que defienden los principios básicos que siempre están bajo amenaza.

Segundo: Los Artículos sí tratan muchas preguntas que aún no se habían presentado cuando se redactaron. Esto se debe a que la confesión de una iglesia opera como la ley de un país. Fija los estándares y define los límites, pone los rieles por los cuales el pensamiento debe correr, y condena anticipadamente cualquier opinión futura que se salga de estos rieles. En su negativa, es determinante al declarar: "nunca dejes que tu fe se salga fuera de estos límites; más allá del área circunscrita nunca encontrarás la verdad." Así, los Artículos tienen una relevancia permanente al poner a prueba el desarrollo teológico post-Reforma, y al ser un indicador de lo erróneo de muchas opiniones que se han discutido en la Iglesia de Inglaterra durante los últimos cuatrocientos años.

Un ejemplo es la doctrina del sacrificio eucarístico que los obispos en Lambeth, 1958, recomendaron a toda la comunidad anglicana. Durante la mitad del siglo anterior se trabajó mucho en su formulación, y descansa sobre dos principios fundamentales: primero, que el sacrificio de Cristo es más que su muerte única y para siempre en el Calvario, y que de alguna manera continúa en el presente; segundo, que la unión de la Iglesia con Cristo es tal, que los cristianos son incorporados, no solamente a su muerte y resurrección, sino también a su actividad sacrificial actual. La visión que ofrece sobre lo que sucede en el culto de la Santa Cena fue declarada por los obispos de la siguiente manera:

> Ofrecemos nuestra alabanza y acción de gracias por el sacrificio de Cristo por nosotros, y lo presentamos de nuevo, y nosotros en él, delante del Padre...Nosotros mismos, incorporados en el cuerpo místico de Cristo, somos parte del sacrificio que ofrecemos. Cristo, junto con nosotros, nos ofrece en sí mismo a Dios.[73]

En otras palabras, no repetimos el sacrificio de Cristo, ni añadimos nada, pero hacemos más que sólo conmemorarlo; participamos en él.

---

[73] *The Lambeth Conference* (La Conferencia de Lambeth) 1958, 2.84.

La forma a través de la cual la ofrenda de Cristo continúa, ha sido explicada de varias maneras por los partidarios de este concepto. Algunos han hablado del sacrificio de Cristo como una revelación temporal y reflejo de algo que siempre ocurre en la presencia de Dios. Otros se expresan de la vida resucitada que Cristo ahora vive, y de la intercesión que él hace ahora, como si tuviera el carácter de una ofrenda sacrificial de sí mismo. Unos, como los carolinos y los Wesley, mostraron a Cristo estando de pie siempre delante del trono de Dios, presentando, u ofreciendo, su sacrificio terrenal. Entonces, el sacrificio de la iglesia se explica en términos de presentar la muerte de Cristo por la remisión de nuestros pecados y de otros, cada vez que ofrecemos a Dios todo lo que somos y lo que tenemos. Se dice que esta súplica es una "presentación de nuevo" (no simbólica, sino una ofrenda nueva o una forma de "hacer nuevamente actual") del sacrificio de Cristo ante el Padre, en unión con Cristo mismo, tal y como él se presenta de nuevo; y de la auto-ofrenda corporativa de la iglesia en Cristo, dentro de la cual nuestra presentación de nuevo del Calvario encuentra su lugar y es vista como el mayor propósito, y la acción central, en la liturgia eucarística.

En concordancia con esto está la fantasía (y no más que eso) de que "en memoria" (anamnesis) de Cristo en la liturgia está dirigido hacia Dios, como si las palabras de Jesús "haced esto en memoria de mí" significaran "haced esto así recordándole a mi Padre de mí."

A quien se adhiere a alguna de las versiones de la doctrina de Lambeth obviamente le gustaría dar una nueva forma al culto de la Santa Cena de 1662, de tal forma que el auto-ofrecimiento de la iglesia aparezca como el punto central de la acción, y en el cual estará basada la conmemoración del Calvario. Para otros, el orden de 1662, en el cual el auto-ofrecimiento de la iglesia es en respuesta a la gracia dada a conocer en el sacramento, pero no como parte de la acción sacramental misma, parecerá ser una mejor opción. De acuerdo a las preferencias, aquí se podrá conocer la teología eucarística. (ASB: Libro de Servicios Alternativo, provee para ambos por supuesto).

La doctrina de Lambeth fue presentada como un adelanto

ecuménico muy importante, que sobrepasó la tensión histórica entre evangélicos y anglo-católicos.[74] Pero ¿qué tiene que ver con los Artículos? Por supuesto, los Artículos no dicen nada directamente al respecto, ya que es una novedad del siglo XX; sin embargo, indirectamente dicen mucho. Note los siguientes principios formulados en los Artículos 25-26, sobre los sacramentos en general, y 28-31 sobre la Cena del Señor en particular.

5.2.1. *Ambos sacramentos son signos del evangelio, con su significado determinado por el evangelio.*

Los "sacramentos del evangelio" son "signos eficaces de la gracia" a través de los cuales Dios "aviva no sólo nuestra fe en él, sino que también la fortalece y confirma." (Artículo 25). Pero para conocer lo que son el evangelio, la gracia y la fe, tenemos que mirar hacia atrás, hacia los Artículos 9-18, hacia lo que los Artículos sobre los sacramentos presuponen. Ni en los Artículos, ni en ninguna otra parte, la teología de los sacramentos es un campo de estudio independiente. Nuestra teología de los sacramentos expresa nuestra doctrina de Dios y del hombre, de la creación y de la redención, del pecado y de la gracia, de la obra de Cristo y la del Espíritu Santo, sin mencionar la de la iglesia y la del ministerio; realmente es como el techo de nuestro hogar teológico, sostenido por todo el resto del edificio, y que revela por su forma, el diseño y la estructura del edificio completo. Sucede lo mismo con los Artículos.

5.2.2. *Ambos sacramentos son obras de Dios que terminan en el hombre.*

"signos...de los cuales obra (Dios)... en nosotros" (Artículo 25). Puesto que Dios es el agente principal, entonces su obra es la acción principal. El movimiento esencial en los sacramentos es de Dios hacia

---

[74] Esta fue una opinión equivocada, como se vió muy pronto. Vea *Eucharistic Sacrifice – (Sacrificio Eucarísitico)* ed. J. I. Packer (London: Church Book Room Press, 1962).

el hombre, no viceversa. Esta es la diferencia principal entre un sacramento y un sacrificio.

5.2.3. Ambos sacramentos proclaman la obra de Cristo por y en el hombre.

El bautismo es "signo de la regeneración o del nuevo nacimiento" (Artículo 27) por medio de nuestra unión con Cristo en su muerte y su resurrección; la Cena del Señor es "un sacramento de nuestra redención por la muerte de Cristo" en la cual aquellos que están unidos con Cristo por la fe participan de su cuerpo y de su sangre (Artículo 28). Así, ambos sacramentos muestran el logro del sacrificio propiciatorio de Cristo y los beneficios que fluyen de él hacia nosotros aquí y ahora.

5.2.4. Ambos sacramentos son medios por los cuales Dios obra la fe.

Este punto encierra una verdad básica, y es verdad que, los sacramentos son *medios de gracia*. Comunican las bendiciones que indican, como se nos dice, para aquellos que los reciben "dignamente" (Artículo 25), o "debidamente, y con fe" (Artículo 28). Recibirlos correctamente significa recibirlos con fe, pues el medio por el cual el cuerpo de Cristo es recibido y comido, es a través de la fe (Artículo 28). Como Lutero dijo en alguna parte, la fe lo hace digno, la incredulidad lo hace indigno. Y los sacramentos, en su carácter de palabras visibles y promesas en forma de acciones, son el instrumento de Dios, que "aviva no sólo nuestra fe en él, sino que también la fortalece y confirma" (Artículo 25). Funcionan como medios de gracia, precisamente porque Dios los ha hecho medios para llegar a la fe. La acción sacramental esencial es que él viene hacia nosotros, los pecadores, para llamarnos a la fe a través del signo y por medio de esa fe impartir en nosotros los beneficios de la muerte de Jesús.

Según este punto de vista, creer y recibir son la esencia de la adoración sacramental. Aquellos que han recibido los sacramentos deberían, de hecho, entregarse a sí mismos a Dios, pero esa entrega de sí mismo se hace en respuesta a la gracia revelada en el sacramento y no forma estrictamente parte de la acción sacramental misma. Esa es la concepción claramente expresada en el oficio de Comunión de 1662.

Ahora bien, la doctrina del sacrificio eucarístico de Lambeth contraviene estos cuatro puntos.

(i)   Esta doctrina no está determinada por el evangelio.

Esta doctrina no está determinada por el evangelio, al menos no como el Nuevo Testamento la presenta. La doctrina de Lambeth insiste en que el sacrificio de Cristo continúa en el cielo, mientras que la Escritura equipara su sacrificio con su muerte y proclama su obra como una ofrenda terminada. Además, esta doctrina insiste en asimilar la ofrenda de nosotros mismos a la de Cristo, siendo que la Escritura hace lo contrario, enfatizando la unicidad de la muerte vicaria de Cristo como sacrificio y separándola del sacrificio de servicio y alabanza que es nuestra respuesta a ella. Dichos conceptos no fueron aprendidos del evangelio bíblico. Si el objetivo hubiera sido simplemente hacer justicia al Nuevo Testamento, podemos decir, con toda seguridad, que estos conceptos no existirían.

(ii)   Esta doctrina cambia la Cena del Señor en un acto del hombre, que termina en Dios.

La acción esencial cesa de ser la ofrenda sacramental de Cristo, dado por Dios a los hombres, y se convierte en nuestra ofrenda sacrificial de nosotros con Cristo a Dios. Pero esto significa adherirse a una fantasía no-bíblica, presentando de nuevo el Calvario, y tratando nuestra respuesta al sacramento como si fuera el sacramento mismo.

(iii)   Esta doctrina hace de la Cena del Señor un símbolo no tanto del sacrificio de Cristo, sino del nuestro.

El servicio llega a ser ante todo una muestra de la devoción de la iglesia, y sólo incidentalmente sobre la muerte del Señor; pero esto empobrece la adoración sacramental, no la enriquece.

(iv) Esta doctrina minimiza la función de la Cena del Señor como un medio de gracia.

Según este punto de vista, la iglesia viene a la eucaristía a dar en vez de a recibir; no viene fundamentalmente a recibir de Dios, sino a ofrecerse a sí misma en gratitud por lo que ya ha recibido. Y entra en conflicto con la posición de los Artículos, de que la Cena del Señor es ante todo un medio por el cual Dios refuerza la fe, y comunica los frutos del Calvario a los corazones de los creyentes.

Por lo tanto, se puede decir realmente que los Artículos dieron su veredicto en cuanto a la doctrina del sacrificio eucarístico de Lambeth hace cuatrocientos años. La desecharon con anticipación como una doctrina deforme. A cualquiera que hoy en día sea atraído por dicha doctrina, los Artículos le hacen la pregunta: ¿No es una pobre doctrina si se le compara con lo que busca suplantar? Por supuesto que en definitiva esa pregunta debe ser respondida basándose en la Escritura, pero en verdad es la pregunta correcta de enfrentar en este asunto, y sin duda los Artículos nos prestan un servicio al mostrárnosla.

Ése es un ejemplo ilustrativo de la relevancia de los Artículos al evaluar teologías posteriores. Insto a que los apliquemos constantemente en esta forma.

5.3. Aumento

Pero, a fin de cuentas, no se debe esperar que un documento del siglo XVI diga todo lo que se debe decir para resguardar el evangelio y guiar el pensamiento anglicano hoy; y tal vez deberíamos esperar que Dios, al ponernos bajo presión, nos lleve al punto de ponernos de acuerdo al hacer una declaración confesional complementaria para nuestro tiempo. Digo "al ponernos bajo presión" ya que las declaraciones de credos significativas siempre han sido producidas bajo presión. Como Karl Barth escribió:

> La confesión de la Iglesia es un evento de la Iglesia. El 'Creo' genuino nace de una necesidad de la Iglesia, sale de una

compulsión, de una necesidad impuesta sobre la Iglesia por la Palabra de Dios, sale de la percepción de la fe que responde a esta compulsión. Lo que la confesión formula y proclama afirma ser un dogma de la Iglesia. Al decir 'Creo,' se ha caracterizado sus pronunciamientos como aquellos por medio de los cuales... desafía a todos a tomar una posición, a decidir si puede rechazarlos como contrarios a la Palabra de Dios o si debe aceptarlos como de acuerdo a la Palabra de Dios. De nuevo es la Santa Escritura la que da la base de la certeza de la confesión y que funge como juez sobre ella.[75]

Es indudable que las iglesias anglicanas hoy en día, en su carácter de ser columnas y baluartes de la verdad de Dios (ver 1 Timoteo 3:15), están bajo diversas fuentes de presión y en muchos campos; pero aún está por verse si surgirán respuestas confesionales significativas de dicha situación. Sería extremadamente bueno que tales respuestas surjan, y del mismo modo sería un ejercicio extremadamente bueno pensar en qué tipo de contenido pudieran tener dichas declaraciones. Esa es la contribución de Roger Beckwith a este estudio de Latimer, y por eso ahora lo entrego en sus manos.

---

[75] Karl Barth, *Church Dogmatics I.2, págs 624s.*

6. APÉNDICE: COMPLEMENTAR LOS ARTÍCULOS

En la conclusión del estudio Latimer 9, *Confessing the Faith in the Church of England Today*[76] se hizo la pregunta de si los Artículos, junto con los credos eran *adecuados* como expresiones completas y relevantes de la fe cristiana en el contexto del fin del siglo XX, o si ahora sería deseable complementarlos. El asunto fue brevemente discutido de la siguiente manera:

> Hoy en día se nos recuerda a menudo que los credos usan el lenguaje y las formas de pensar de la era patrística, en la cual fueron redactados. Este lenguaje y estas formas de pensar son mayormente también las de la era del Nuevo Testamento y de nuestra propia era; pero la expresión *homoousios*, *"de la misma substancia,"* es una excepción. No aparece en el Nuevo Testamento, y suena materialista en relación a nuestra forma de hablar hoy en día; sin embargo, los que modernizaron la traducción del Credo Niceno han encontrado una formulación que suena actualizada, evita tonos materialistas y es a la vez fiel al griego original. Por eso la han sustituido por la expresión "de un mismo Ser," y esto es lo que aparece en el credo en el Rito A del servicio de Comunión del ASB.[77] Así es más fácil ver que la expresión es fiel a la enseñanza del Nuevo Testamento, aunque no sea en sí misma una expresión del Nuevo Testamento.

> Muy poca gente hoy en día considera la idea de reemplazar los credos. Si confesar la fe es un deber cristiano, los credos son una forma bíblica y ecuménicamente aceptable de expresarla; sin embargo, muchos anglicanos abrigan la idea de reemplazar los Treinta y Nueve Artículos, o más aun, de desecharlos sin proponer nada para reemplazarlos. Es importante preguntar: ¿Por qué?

---

[76] Confesando la fe en la Iglesia de Inglaterra Hoy.
[77] ASB; *Alternative Service Book (Libro de Servicios Alternativos)*, (nota del traductor)

Es probable que la respuesta sea que los credos son ecuménicos, mientras que los Artículos no lo son. No obstante, los Artículos son comunes a casi todas las iglesias anglicanas, y son uno de los vínculos más fuertes entre esas iglesias y el protestantismo continental (el cual es hoy en día, tal como el anglicanismo, un fenómeno mundial). Quitar importancia a nuestra herencia reformada es cerrar los ojos ante la realidad y no ser fiel a la historia; también demuestra un espíritu ecuménico muy selectivo. Además, ahora que Roma misma está demostrando mayor comprensión de la Reforma, no parece que el ecumenismo se beneficie al desdeñarla.

Probablemente, otra respuesta sea que los credos son católicos, mientras que los Artículos son controversiales. Sin duda los Artículos son controvertidos, pero su tono es moderado, y su ámbito es limitado. Además, no abordan disputas innecesarias, ni tampoco hacen demandas innecesarias. Por otro lado, como hemos visto, al menos dos de los credos son sumamente controversiales, aunque se pensó que los errores en contra de los cuales protestan ya estaban muertos, sin embargo, hoy en día queda claro que los errores en cuestión no están muertos, si es que alguna vez lo estuvieron. Se dice que aun el 'Regius Professor of Divinity' ('profesor nombrado por autoridad del rey o de la reina') en una de las universidades más antiguas enseña a sus alumnos que Arrio estaba en lo correcto y que Atanasio estaba equivocado.

A lo mejor se dirá que los Artículos están en rivalidad con los credos; sin embargo, es claro que éste no es el caso. Los Artículos reconocen a los credos de forma explícita (Artículo 8) y repiten la esencia de ellos (Artículos 1 - 5). Además, los otros grandes temas de los Artículos, que son la autoridad de las Escrituras y la justificación por la fe, son sólo desarrollos de la afirmación de los credos de que el Espíritu Santo "habló por los profetas" y del tema del "perdón de los pecados" encontrado en los credos.

Sin duda se dice que los Artículos son anticuados. Pero, ¿por qué, entonces, no se dice lo mismo de los credos, qué los Credos no son aún más anticuados? Es cierto que los Artículos tratan con algunas cuestiones que hoy no se discuten: incluso al gran tema de la justificación por la fe hoy no se le da la atención que su importancia en el Nuevo Testamento pareciera exigir. No obstante, las declaraciones sobre los asuntos que no son de interés actual no dejan de ser verdaderas, y los temas que fueron de interés ayer, pudieran ser de interés otra vez mañana.

Por lo tanto, la conclusión a la que llegó la Comisión de Doctrina en su informe *Subscripción y Asentimiento* (1968) de que los Artículos no deberían ser desechados, modificados o removidos del Libro de Oración, y que el gran cambio deseable era la revisión de la forma de la subscripción, fue una conclusión acertada. En relación a esto debe notarse que la resolución 43 de la Conferencia de Lambeth de 1968 no está de acuerdo con ese informe (como afirma), sino más bien en profundo desacuerdo, y por lo tanto no es de sorprenderse que treinta y siete de los obispos disintieran de la resolución. Pero, si los Artículos deberían mantener su estatus presente, y deberían ser tratados con más responsabilidad, ¿es suficiente con tratar así la situación?

Obviamente no. Los Artículos, al igual que los credos, anteceden a la revolución científica de los siglos XVIII y XIX, la cual fue de profunda importancia para las doctrinas de la creación y de la providencia, y para la ética cristiana. Anteceden también al surgimiento de las llamadas investigaciones histórico-criticas, que pretenden demostrar que hay errores históricos en la Biblia, un tema de profunda importancia para la doctrina de la inspiración bíblica y para la práctica de la interpretación bíblica. También anteceden a la exigencia del anglo-catolicismo de que la Edad Media debería ser reevaluada (y a la exigencia del catolicismo romano moderno de que la Reforma debería serlo también). Es inevitable que quienes vivimos después de estos tiempos, al leer tanto los credos como los Artículos, tengamos una visión diferente de la que tenían nuestros antepasados, y cuando los repetimos o nos subscribimos a ellos, aunque sea con la fe más firme y la mayor sinceridad, lo hacemos de una manera distinta. Es obvio que aún estamos muy lejos de asimilar y evaluar completamente estos eventos, pues aún quedan muchas dudas y muchos desacuerdos sobre ellos. Por eso, es seguro que cualquier enfoque que tengamos sobre ellos es provisional, y es probable que aún sea necesario que las distintas corrientes de opinión en la iglesia los evalúen por separado, antes de evaluarlos en forma conjunta; sin embargo, lo que deberíamos buscar a largo plazo es una confesión de fe nueva, no como un sustituto de las antiguas, sino como un complemento de éstas y como un comentario sobre ellas, interpretándolas, aplicándolas y añadiéndoles de acuerdo a lo que exija nuestra nueva situación. No creemos que sea demasiado pronto para hacer el intento; aunque sin duda será necesario hacer varios intentos antes de que se alcance el éxito, pero lo que más necesitan escuchar, tanto la Iglesia como el mundo, al enfrentar las crisis modernas, es la voz de la fe.

Lo que sigue a continuación es un modesto primer intento en esta dirección.

6.1. Una confesión de fe complementaria

6.1.1. La trascendencia de Dios

La intención del Artículo I no es enseñar que Dios, que es Amor, y cuyo Hijo mismo es hombre, carezca de compasión por nuestra condición humana; sino enseñar que Dios es independiente del mundo que ha creado. Cuando la Biblia dice que Dios tiene su morada fuera de este mundo, puede que hable metafóricamente, pero está usando la metáfora que mejor se acomoda a nuestras mentes finitas. Aquellos que buscan sustituir con otras metáforas, diciendo que Dios es "el fundamento de nuestro ser" o que "se desarrolla con el mundo," están enfatizando su inmanencia a costa de su gloriosa trascendencia, y están al borde de la filosofía del panteísmo, que degrada a Dios al nivel de su creación caída.

6.1.2. Dios y la historia

La religión cristiana está íntimamente relacionada con la historia. Se habla de Dios como alguien activo en los acontecimientos de la historia, tanto a través de su providencia común como a través de su intervención milagrosa, ejercida especialmente en la encarnación, el nacimiento virginal, la vida, muerte, resurrección corporal y ascensión de su Hijo Jesucristo. También se menciona a Dios como iniciador de la historia, al crear el mundo, y como consumador de la historia, al juzgar al mundo cuando Jesucristo retorne en gloria visible. Incluso cuando se tratan hechos alejados de la experiencia humana, particularmente la creación y la consumación final, la Biblia puede hacer un mayor uso del lenguaje metafórico que lo usual, por lo cual no puede decirse que esos hechos estén totalmente fuera de la historia; y menos aún lo que suceda entre esos dos momentos. Decir que un hecho no es cierto o no es histórico, o requerir que sea "desmitificado," sólo porque es milagroso o porque se considera incompatible con el pensamiento secular moderno, es pura incredulidad. Lo único justo que se puede pedir es que la historia bíblica se interprete de acuerdo con los cánones genuinos de la historiografía antigua, en su más alto nivel ético.

6.1.3. Revelación

Dios se manifiesta a través de sus actos y obras sólo a aquellos que tienen ojos para ver. Sobre todo, él se manifiesta por medio de la vida de Jesucristo, la Palabra encarnada; sin embargo, la revelación de Dios sería parcial y oscura sin las palabras interpretativas de Cristo mismo, los profetas y los apóstoles, las cuales se encuentran de forma permanente en la Santa Escritura. Además, debido a que el hombre caído se niega a conocer al Dios verdadero, no es posible comprender nada de la revelación divina fuera de la obra salvadora del Espíritu Santo en el corazón del hombre. Por eso es sólo a través de la obra del Espíritu que el hombre se confronta personalmente con Dios como Creador y Redentor.

6.1.4. La inspiración de la Escritura

La Escritura no es sólo el intento del hombre por registrar la revelación de Dios. Debido a que fue escrita por inspiración del Espíritu Santo, tiene un carácter tanto divina como humana. Las palabras de nuestro Señor, así como las de los profetas y de los apóstoles, que están escritas en las Escrituras, tienen la misma autoridad que sus palabras habladas. La historia, doctrina y ética de la Escritura son la verdad de Dios, quien no puede errar ni tampoco engañar; dicha verdad fue dada para guiar a la humanidad caída a salir de la oscuridad hacia la luz. Todos, tanto la tradición como la enseñanza de la Iglesia y el entendimiento humano, tienen la función de transmitir y aplicar la enseñanza de la Escritura, pero cuando cualquiera de éstos declara algo en contra de ella, han errado totalmente el camino.

6.1.5. *La interpretación de la Escritura*

Debido a que la Escritura fue escrita en lenguaje humano y en momentos particulares de la historia, debe ser entendida dentro de su contexto histórico y lingüístico; en este sentido es como cualquier otro tipo de literatura; sin embargo, debido a que la Escritura también fue escrita por inspiración divina, tiene una unidad y coherencia tal, que permite que una parte sea interpretada a través de otra; y en este sentido no es como cualquier otro tipo de literatura. Es el Espíritu Santo el que habilita al hombre para entender la Escritura, y el que ha estado trabajando en los corazones de una multitud de hombres en cada generación. Lo que cualquier afirma haber aprendido de la Escritura debe ser probado por la Escritura, pero no debe ser despreciado: la Iglesia progresa en su entendimiento de la Escritura al seguir construyendo sobre las obras de intérpretes anteriores. Así es que las definiciones trinitarias y cristológicas de la iglesia primitiva, y la enseñanza de la Reforma sobre la autoridad y la salvación tienen una importancia permanente.

6.1.6. *Gracia y fe*

La gracia no es una sustancia cuasi-física, sino el favor y la bondad personales de Dios hacia el hombre. La fe no es sólo una creencia intelectual, sino que es confianza; confianza en Dios implica creer lo que él dice. Debido a que Dios nos habla en la Escritura acerca de nuestra salvación, confiar en él significa por un lado creer que nuestros pecados han sido propiciados a través de la cruz de Cristo, y por el otro significa depender en que por eso él nos acepta, nos preserva, nos perfecciona y nos glorifica.

6.1.7. *Los fundamentos de la justificación*

El hecho de que Dios considere como justos a los creyentes gracias a su fe, no significa que la fe sea una obra meritoria. La fe viene de

Dios y agrada a Dios, pero el único fundamento de la justificación es el sacrificio propiciatorio de Cristo en la cruz, del cual se afianza la fe. Además el fundamento de la justificación nunca cambia, aunque la fe "obra por amor," estas buenas obras no son los fundamentos de la justificación ni tampoco la fe misma. Más bien, son la prueba de que la fe es viva y verdadera.

6.1.8. Universalismo

Aún persiste la idea de una salvación universal, en contra de la cual contiende el Artículo 18. De hecho, la terrible verdad de que no todo hombre será salvo es evidentemente clara en la Escritura. Es también claro que no debe considerarse que las religiones no-cristianas se esfuerzan por conseguir la verdad, sino que más bien luchan en contra de ella: el judaísmo, y hasta cierto punto el islam, son casos especiales en cuanto a que ellos están influenciados por la revelación bíblica, pero las religiones no-cristianas en general deben considerarse como surgidas de una perversión pecaminosa de la revelación natural. No se pueden establecer ningún tipo de límites en las formas en que el Dios misericordioso trata con los individuos, aun dentro de las religiones no-cristianas; pero la revelación sobrenatural propone a Jesucristo como el único Salvador de los pecados, y encarga a la iglesia predicar este evangelio por todo el mundo como la única esperanza del hombre en este mundo y en el venidero. El diálogo con representantes de otras religiones puede ayudar en la remoción de malos entendidos, pero esto no es sustituto del evangelismo; y los "cultos multi-fe" son una forma de sincretismo, el cual es aborrecido por el único Dios verdadero.

6.1.9. El día de la salvación

La oportunidad de arrepentirse y creer en el evangelio se limita a esta vida actual; porque Dios va a juzgar a los hombres de acuerdo a las obras que hayan hecho en la carne, y morir en nuestros pecados es morir sin Dios y sin esperanza. Aquellos que mueren sin el conocimiento del evangelio serán juzgados por su respuesta al conocimiento que obtuvieron de la voluntad de Dios a través de la naturaleza. Ofrecer la falsa esperanza de una segunda oportunidad después de la muerte es disuadir el arrepentimiento, y disuadir también el evangelismo mientras que la oportunidad exista para ellos. El orar por aquellos que han muerto sin arrepentirse para que se arrepientan y se salven después de haber muerto significa pedir a Dios lo que él no puede conceder. La intercesión por los muertos es una práctica que no tiene apoyo en la Escritura; y aún cuando se refiera a cristianos difuntos, en general toma formas que infieren errores (como el purgatorio) o que son especulaciones (como los progresos de la gracia entre la muerte y la resurrección). Debido a que interceder por los muertos es una actividad tan propensa a malos entendidos y abusos, es más prudente que en la adoración pública la iglesia se contente con dar gracias por aquellos que han muerto en la fe y orar por los vivos.

6.1.10. La Iglesia invisible y visible

La Iglesia universal de Dios tiene dos aspectos, uno visible y otro invisible, pero no son dos iglesias. Es invisible en cuanto a que sólo Dios conoce a aquellos a quienes él ha escogido y cuyo arrepentimiento y fe son sinceros. Y es visible en cuanto a que el ministerio público de la palabra y los sacramentos, para lo cual las congregaciones locales o iglesias se reúnen, son visibles. Cuando una persona se arrepiente y cree, lo que normalmente ocurre por medio del testimonio de la iglesia, esa persona se junta con la Iglesia invisible, y es su derecho, y su deber, juntarse con la iglesia visible y confirmar su membresía en ella.

6.1.11. La unidad de la Iglesia

La familia cristiana es la iglesia o asamblea más pequeña, y la siguiente en cuanto a tamaño es la iglesia local que une a las familias cristianas y a los miembros cristianos de familias no-cristianas en una localidad particular. Sin embargo, todas las congregaciones de la Iglesia universal tienen la misma palabra y los mismos sacramentos, creen en el mismo Señor y Salvador, y el mismo Espíritu Santo mora en ellas; así, el compañerismo y la cooperación no deben limitarse a la congregación local, en especial donde congregaciones con diferentes formas de gobernarse existan en la misma localidad. Puesto que la Escritura no manda de modo inconfundible que el episcopado, el presbiterianismo, la independencia, el bautismo de infantes y el bautismo de creyentes se lleven a cabo de determinada manera, estos puntos no deberían ser un obstáculo para el reconocimiento mutuo de ministerios y sacramentos, y para que exista cooperación en la adoración y el testimonio, o para tener comunión en la mesa del Señor (aunque no es conveniente juntarse en una sola congregación). No obstante, cuando existan diferencias doctrinales fundamentales, no debemos tener un compañerismo cercano hasta que las diferencias sean resueltas.

6.1.12. El ministerio cristiano

En el Nuevo Testamento el ministerio es tan variado como lo son los dones espirituales; pero incluso así existe un ministerio institucional en el cual se requiere el nombramiento externo de la iglesia, y no solamente el llamado interno de Dios. Los presbíteros-obispos, parecidos a los ancianos de la sinagoga judía, dictaban la norma en las iglesias apostólicas, y a veces eran ayudados por diáconos. A partir de éstos se desarrollaron los obispos, los presbíteros y los diáconos del cristianismo posterior. Las tareas principales de los presbíteros-obispos eran la de proveer supervisión pastoral y la de enseñar, pero no la de administrar los sacramentos. Se mantuvo el nombre "sacerdote" para referirse a los presbíteros durante la Reforma solamente porque es etimológicamente una forma abreviada de "presbítero,"[78] no porque tenga algún sentido sacrificial.

6.1.13. El ministerio de las mujeres

Las mujeres tuvieron un papel activo en la Iglesia apostólica, y tal parece que había diáconos femeninos en el Nuevo Testamento, pero

---

[78] En inglés la palabra "priest" (traducida "sacerdote") con la palabra "presbyter" (traducida "presbítero") están asociadas etimológicamente (nota del traductor).

no hay mujeres como presbíteros. La distinción es importante, debido a que el diaconado no llegó a ser el primer paso para el presbiterado sino hasta mucho después del primer siglo. Además, el presbítero tiene un oficio de autoridad, que muestra su título, ya que significa "el hombre maduro," y se hace referencia a los presbíteros como los que "gobiernan." San Pablo enseña que la relación entre los sexos masculino y femenino de ser la cabeza y el que se subordina se remonta a la creación misma, y que dicha relación debería ser observada tanto en la familia cristiana como en la congregación cristiana. Aunque la iglesia debería ser un ejemplo para el mundo, y no debiera seguir el ejemplo del mundo, las mujeres que hayan sido puestas sobre hombres en la sociedad civil deben ser debidamente respetadas, debido a que las autoridades que hay "por Dios han sido establecidas."

6.1.14. La iniciación/admisión cristiana

En el Nuevo Testamento se atribuye la regeneración, el perdón de los pecados y el don del Espíritu Santo no simplemente al bautismo, sino también a la palabra (o a la fe, que es evocada por la palabra). Por lo tanto, la iniciación no se completa con el bautismo de infantes, salvo en términos sacramentales. Por otro lado, la imposición de manos, que no está claramente exigida en el Nuevo Testamento, no es una parte esencial de la iniciación; el único elemento necesario en la confirmación, es la fe personal del candidato como respuesta a su instrucción en la palabra de Dios. Aunque, en el caso de los adultos, recibir la Santa Comunión fue algo que siguió muy pronto después del bautismo en los tiempos del Nuevo Testamento, no es una parte integral de la iniciación.

6.1.15. El Sacrificio Eucarístico

La Santa Comunión en ninguna parte de la Escritura se describe como un sacrificio. Lo más que se llega a decir en cuanto a este punto en el Nuevo Testamento es que la describe como una fiesta por el sacrificio de Cristo. De los actos instituidos del culto, sólo la acción de gracias en otra parte es llamada un sacrificio espiritual, y es un sacrificio que cualquier miembro del pueblo sacerdotal de Dios puede ofrecer, en privado o en público. La idea de que la eucaristía es un sacrificio ritual ofrecido por un ministerio sacerdotal no se encuentra dentro del Nuevo Testamento, ni tampoco una ceremonia que sugiera una idea como ésa; y además cuando se dice que este ritual es idéntico al sacrificio de Cristo en la cruz o a algún sacrificio en los cielos de igual o de mayor importancia, se anulan los fundamentos mismos del cristianismo y el lenguaje del Artículo 31, "fábulas blasfemas y engaños peligrosos," se hace oportuno.

6.1.16. Moralidad cristiana

El hecho de que "el cumplimiento de la ley es el amor" no significa que el amor pueda existir sin la ley de Dios. Sin la ley, el amor es ciego; el amor es el espíritu en el cual la ley de Dios es obedecida de buena gana. Por lo tanto las reafirmaciones y nuevas interpretaciones de la ley del Antiguo Testamento que encontramos en los evangelios y en las epístolas del Nuevo Testamento son fundamentos esenciales de la moral cristiana. Tratarlos como relativos, como la "ética de situación," sólo contribuye aun más a la decadencia moral que ya existe. Mientras que tomarlos en sentido literal, y por consiguiente, enseñarlos y vivirlos, hará más que cualquier otra cosa que se restablezca la moralidad personal y social, en la iglesia y en la nación.

6.1.17. Inclusividad y disciplina

El orden propio de la iglesia visible requiere que se reciba a aquellos a quienes el Señor ha recibido, sin excluir a nadie por razones triviales; pero también requiere que se controle a aquellos de sus miembros que abiertamente practiquen la maldad y que enseñen errores fundamentales. La Iglesia de Inglaterra ha tratado de mantener este balance, sin un éxito completo, como testifica la existencia separada de iglesias libres. Los Artículos disciplinarios, con los que concluyen los 39, ocasionalmente elevan opiniones al grado de certezas; en cambio la uniformidad que requiere el Libro de Oración, de 1662, en algunos asuntos de indiferencia ha probado ser demasiado rígida para las conciencias de algunas personas. No obstante, las desviaciones fundamentales de la enseñanza bíblica de los Artículos doctrinales, de los credos y de los principios de la Reforma sobre la adoración que se han observado desde el principio del siglo XVIII son un desorden escandaloso, que se explican por la conmoción teológica y la decadencia en la disciplina, pero que no se pueden justificar. La restauración de una disciplina firme pero con amor, es algo por lo que los cristianos deberíamos trabajar y orar.

Latimer Studies

- LS 01 The Evangelical Anglican Identity Problem – Jim Packer
- LS 02 The ASB Rite A Communion: A Way Forward – Roger Beckwith
- LS 03 The Doctrine of Justification in the Church of England – Robin Leaver
- LS 04 Justification Today: The Roman Catholic and Anglican Debate – R. G. England
- LS 05/06 Homosexuals in the Christian Fellowship – David Atkinson
- LS 07 Nationhood: A Christian Perspective – O. R. Johnston
- LS 08 Evangelical Anglican Identity: Problems and Prospects – Tom Wright
- LS 09 Confessing the Faith in the Church of England Today – Roger Beckwith
- LS 10 A Kind of Noah's Ark? The Anglican Commitment to Comprehensiveness – Jim Packer
- LS 11 Sickness and Healing in the Church – Donald Allister
- LS 12 Rome and Reformation Today: How Luther Speaks to the New Situation – James Atkinson
- LS 13 Music as Preaching: Bach, Passions and Music in Worship – Robin Leaver
- LS 14 Jesus Through Other Eyes: Christology in a Multi-faith Context – Christopher Lamb
- LS 15 Church and State Under God – James Atkinson
- LS 16 Language and Liturgy – Gerald Bray, Steve Wilcockson, Robin Leaver
- LS 17 Christianity and Judaism: New Understanding, New Relationship – James Atkinson
- LS 18 Sacraments and Ministry in Ecumenical Perspective – Gerald Bray
- LS 19 The Functions of a National Church – Max Warren
- LS 20/21 The Thirty-Nine Articles: Their Place and Use Today – Jim Packer, Roger Beckwith
- LS 22 How We Got Our Prayer Book – T. W. Drury, Roger Beckwith
- LS 23/24 Creation or Evolution: a False Antithesis? – Mike Poole, Gordon Wenham
- LS 25 Christianity and the Craft – Gerard Moate
- LS 26 ARCIC II and Justification – Alister McGrath
- LS 27 The Challenge of the Housechurches – Tony Higton, Gilbert Kirby
- LS 28 Communion for Children? The Current Debate – A. A. Langdon
- LS 29/30 Theological Politics – Nigel Biggar
- LS 31 Eucharistic Consecration in the First Four Centuries and its Implications for Liturgical Reform – Nigel Scotland
- LS 32 A Christian Theological Language – Gerald Bray
- LS 33 Mission in Unity: The Bible and Missionary Structures – Duncan McMann
- LS 34 Stewards of Creation: Environmentalism in the Light of Biblical Teaching – Lawrence Osborn

LS 35/36	Mission and Evangelism in Recent Thinking: 1974–1986 – Robert Bashford	LS 59	The Parish System: The Same Yesterday, Today And For Ever? – Mark Burkill
LS 37	Future Patterns of Episcopacy: Reflections in Retirement – Stuart Blanch	LS 60	'I Absolve You': Private Confession and the Church of England – Andrew Atherstone
LS 38	Christian Character: Jeremy Taylor and Christian Ethics Today – David Scott	LS 61	The Water and the Wine: A Contribution to the Debate on Children and Holy Communion – Roger Beckwith, Andrew Daunton–Fear
LS 39	Islam: Towards a Christian Assessment – Hugh Goddard		
LS 40	Liberal Catholicism: Charles Gore and the Question of Authority – G. F. Grimes	LS 62	Must God Punish Sin? – Ben Cooper
LS 41/42	The Christian Message in a Multi-faith Society – Colin Chapman	LS 63	Too Big For Words?: The Transcendence of God and Finite Human Speech – Mark D. Thompson
LS 43	The Way of Holiness 1: Principles – D. A. Ousley		
LS 44/45	The Lambeth Articles – V. C. Miller	LS 64	A Step Too Far: An Evangelical Critique of Christian Mysticism – Marian Raikes
LS 46	The Way of Holiness 2: Issues – D. A. Ousley		
LS 47	Building Multi–Racial Churches – John Root	LS 65	The New Testament and Slavery: Approaches and Implications – Mark Meynell
LS 48	Episcopal Oversight: A Case for Reform – David Holloway		
LS 49	Euthanasia: A Christian Evaluation – Henk Jochemsen	LS 66	The Tragedy of 1662: The Ejection and Persecution of the Puritans – Lee Gatiss
LS 50/51	The Rough Places Plain: AEA 1995	LS 67	Heresy, Schism & Apostasy – Gerald Bray
LS 52	A Critique of Spirituality – John Pearce	LS 68	Paul in 3D: Preaching Paul as Pastor, Story–teller and Sage – Ben Cooper
LS 53/54	The Toronto Blessing – Martyn Percy		
LS 55	The Theology of Rowan Williams – Garry Williams	LS69	Christianity and the Tolerance of Liberalism: J.Gresham Machen and the Presbyterian Controversy of 1922–1937 – Lee Gatiss
LS 56/57	Reforming Forwards? The Process of Reception and the Consecration of Woman as Bishops – Peter Toon		
LS 58	The Oath of Canonical Obedience – Gerald Bray		

LATIMER STUDIES

LS70	An Anglican Evangelical Identity Crisis: The Churchman–Anvil Affair of 1981–1984 – Andrew Atherstone	
LS71	Empty and Evil: The worship of other faiths in 1 Corinthians 8-10 and today – Rohintan Mody	
LS72	To Plough or to Preach: Mission Strategies in New Zealand during the 1820s – Malcolm Falloon	
LS73	Plastic People: How Queer Theory is changing us – Peter Sanlon	
LS74	Deification and Union with Christ: Salvation in Orthodox and Reformed thought – Slavko Eždenci	
LB01	The Church of England: What it is, and what it stands for – R. T. Beckwith	
LB02	Praying with Understanding: Explanations of Words and Passages in the Book of Common Prayer – R. T. Beckwith	
LB03	The Failure of the Church of England? The Church, the Nation and the Anglican Communion – A. Pollard	
LB04	Towards a Heritage Renewed – H.R.M. Craig	
LB05	Christ's Gospel to the Nations: The Heart & Mind of Evangelicalism Past, Present & Future – Peter Jensen	
LB06	Passion for the Gospel: Hugh Latimer (1485–1555) Then and Now. A commemorative lecture to mark the 450th anniversary of his martyrdom in Oxford – A. McGrath	
LB07	Truth and Unity in Christian Fellowship – Michael Nazir-Ali	
LB08	Unworthy Ministers: Donatism and Discipline Today – Mark Burkill	
GGC	God, Gays and the Church: Human Sexuality and Experience in Christian Thinking – eds. Lisa Nolland, Chris Sugden, Sarah Finch	
WTL	The Way, the Truth and the Life: Theological Resources for a Pilgrimage to a Global Anglican Future – eds. Vinay Samuel, Chris Sugden, Sarah Finch	
AEID	Anglican Evangelical Identity – Yesterday and Today – J.I.Packer and N.T.Wright	
IB	The Anglican Evangelical Doctrine of Infant Baptism – John Stott and J.Alec Motyer	
BF	Being Faithful: The Shape of Historic Anglicanism Today – Theological Resource Group of GAFCON	
FWC	The Faith we confess: An exposition of the 39 Articles – Gerald Bray	
TPG	The True Profession of the Gospel: Augustus Toplady and Reclaiming our Reformed Foundations – Lee Gatiss	
SG	Shadow Gospel: Rowan Williams and the Anglican Communion Crisis – Charles Raven	
TTB	Translating the Bible: From Willliam Tyndale to King James – Gerald Bray	

www.ingramcontent.com/pod-product-compliance
Ingram Content Group UK Ltd.
Pitfield, Milton Keynes, MK11 3LW, UK
UKHW041947230426
12048UKWH00008B/197